よくわかる図画工作科

ICT・プログラミング

活用事例集

JN045732

追加配信コンテンツのご案内

動画や作品写真など、本書で紹介した題材に関連する追加の情報を配信していきます！

下記の URL、または QR コードからアクセスしてください。

https://www.kairyudo.co.jp/zict20

※ QR コードは株式会社デンソーウェーブの登録商標です。

もくじ

※ 本書の評価規準は、プログラミング教育の評価としてではなく、図画工作科の題材としての評価を示しています。

※ 4コマ漫画は、題材のポイント、気をつけたいことをわかりやすく示しています（著者自作）。

図画工作科における プログラミング教育

東京都新宿区立
津久戸小学校 校長
本間基史

図画工作科における 一人１台タブレット端末の活用

2020年度から小学校においてもプログラミング教育が導入された。新型コロナウイルス感染症の拡大による全国休校等を経て、GIGAスクール構想が一気に進み、ほとんどの学校で一人1台タブレット端末が実現している。

プログラミング教材については各地区で導入されているものに違いはあるが、Web上において無償で提供されているものも複数あるので、それらを有効に活用することも可能である。図画工作科におけるプログラミング教育については、いわゆるＢ分類の「学習指導要領に例示されてはいないが、学習指導要領に示される各教科等の内容を指導する中で実施するもの」にあたる。また、Ｃ分類の「教育課程内で各教科等とは別に実施するもの」においても、図画工作科的にプログラミングのたのしさや面白さ、達成感を味わえる題材などでプログラミングを体験する取り組みも考えられる。各教科の学習をもとに、プログラミングを通して表現したいものを表現する学習を展開する例である。

あらゆる活動においてICTを活用することが求められるこれからの社会を生きていく子どもたちにとって、将来どのような職業に就くとしても、プログラミング教育は重要なこととなっている。しかし、従来の図画工作の題材、つまり粘土や工作、絵画や造形遊びにとって代わってICTが表現手段になるかというと、未来はわからないが、私はそんなことはないと思っている。手を動かして材料に触れたり、用具を使ったりする表現活動は子どもの成長において不可欠である。ツールとしてタブレット端末を活用することで自分の表現手段が一つ増えたと捉えたい。

A	学習指導要領に例示されている単元等で実施するもの
B	学習指導要領に例示されてはいないが、学習指導要領に示される各教科等の内容を指導する中で実施するもの
C	教育課程内で各教科等とは別に実施するもの
D	クラブ活動など、特定の児童を対象として、教育課程内で実施するもの
E	学校を会場とするが、教育課程外のもの
F	学校外でのプログラミングの学習機会

小学校段階のプログラミングに関する学習活動の分類
「小学校プログラミング教育の手引（第三版）より」

本書の活用について ～小学校プログラミング教育の手引より～

本書は図画工作科においてICTを活用したプログラミング教育を進める際の豊富な実践例を紹介している。また、プログラミングに特化するのではなく、あくまでも図画工作の授業の中でプログ

ラミングを活用することによって表現の幅を広げるためにタブレット端末を使用している。

文部科学省の「小学校プログラミング教育の手引（第三版）」では、B分類で図画工作においてプログラミングを取り入れる場合は、図画工作の教科のねらいに沿って、プログラミングを通して表現する活動が有効である題材を考えていくことを推奨している。＜小学校におけるプログラミング教育のねらいは、「小学校学習指導要領解説　総則編」においても述べていますが、非常に大まかに言えば、①「プログラミング的思考」を育むこと、②プログラムの働きやよさ、情報社会がコンピュータ等の情報技術によって支えられていることなどに気づくことができるようにするとともに、コンピュータ等を上手に活用して身近な問題を解決したり、よりよい社会を築いたりしようとする態度を育むこと、③各教科等の内容を指導する中で実施する場合には、各教科等での学びをより確実なものとすることの三つと言うことができます。（「小学校プログラミング教育の手引（第三版）」（文部科学省）p.11より抜粋）＞とあるように、③となっているかを確認することがポイントである。

本校での実践から

私の学校のプログラミング教育の実践例で５年生が、木片などを使ってつくったキャラクターを写真に撮ってコンピュータに取り込み、Scratchを使って動き方をプログラムし、映像作品にした。従来の実践であれば、自分のつくった作品を校内に置いて、デジタルカメラで撮影して終わっていたものが、プログラミングを組み合わせることによってキャラクターがジャンプしたり、回転したり、行ったり来たりして動くのである。また、Spheroを使った光の造形遊びでは、光るボール型ロボットの色や動き方が変化するようにプログラムして、光の軌跡をたのしんだ。従来であれば光源を置いてたのしむだけだったものが、光源が動き、色も変化し、表現の幅が豊かになった。

４年生ではタブレット端末の描画ソフトを使ってキャラクターを描き、ゲームの中で動くようプログラミングした。この授業ではプログラミングの企業に協力を得た。授業ではScratchを使用し、プログラミングの基礎理解から、キャラクターを動かしてゲームをつくるまでの過程を各自のタブレット端末を使って子どもたちがたのしく学べる内容となった。

Scratch でキャラクターの動きをプログラミングする

外部との連携を取り入れる

プログラミング教育によって子どもたちにどのような力を育むのかを考え、そのための場面や授業を設計するのは教師の役目ではあるが、企業や団体、地域等の専門家と連携し協力を得ることは大切である。学校外の専門家と積極的に連携・協力してプログラミング教育を実施していくことは、鑑賞の授業を実施する際に美術館や作家と連携していくのと同様に「社会に開かれた教育課程」の考え方に沿ったものであり、今後も造形教育において積極的に取り組んでいくべきである。ICTの活用に不安がある場合こそ外部との連携は、プログラミング教育を後押ししてくれる。

授業後の子どもたちのふりかえりで「初めてのプログラミングだったけど、エンジニアの人にやり方を教えてもらって、わかりやすかったです。自分がつくったキャラクターを動かせたのがうれしかったです。冷蔵庫などもプログラミングを使っていると知ってびっくりしました。自分でゲームがつくれてよかったので、いつか授業ではないときに一人でやってみたいです。次にやるときは、キャラクターをたくさん動かせるようにしたいです。プログラミングができてとてもたのしかったです。ぼくもプログラミングが教えられるくらい上手になりたいです。」とあった。

ゲストティーチャーからプログラミングについて学んだ

このように子どもたちは本時の学習のふりかえりと、この時間の学習が自分にとってどうだったのか、次への主体的な学びの意欲までまとめることができた。

プログラミング教育を通じてのカリキュラム・マネジメント

プログラミング教育のねらいを実現するためには、図画工作だけではなく、プログラミングによってどのような力を育てたいのかを明らかにし、必要な指導を教科横断的に配列してカリキュラム・マネジメントを通じて取り組むことが重要とされている。

例えば、木片でつくったキャラクターの写真を取り込むScratchの授業では、図画工作科だけではなく、音楽科でも作曲をプログラミングで行い、映像作品のBGMにした。そして、音楽入りの映像作品を総合的な学習の時間の地域紹介のプレゼンテーションに組み入れた。情報活用能力を育成するためのカリキュラム・マネジメントがプログラミングを通して一体的に取り扱うことができた好例といえるだろう。

プログラミング教育の評価について

教科（図画工作科）でプログラミングを取り入れたときの評価については、プログラミングを学習活動として実施した教科（図画工作科）の評価規準によって評価するのが基本となる。プログラミングを実施したからといって、それだけを取り立てて評価したり、成績をつけたりするものではないということも押さえておく。取り入れた題材の図画工作科としての評価で行うということである。

広がるICTを活用した図画工作

東京2020オリンピックでは開会式において約2000台のドローンがプログラミングによって飛ばされ、新国立競技場の夜空を彩った。

また、さまざまなイベントでプロジェクションマッピングが活用されている（プロジェクションマッピングとは映像機器を用い、立体物などの対象物とそれに合わせた映像を投影調整する表現）。さすがに2000台とは言わないが、前任校でも教育用ドローンを授業に取り入れている。区内の小学校では展覧会でプロジェクションマッピングを実施したり、他校とTeamsでつながり、プログラミングソフトのViscuitを使ったりして、一緒に作品づくりに取り組むなどの新しい取り組みが見られる。また、海外の小学校とZoomを使ってつながり、互いの作品を紹介し合うなど、可能性は広がっている。

Viscuitを活用した校内展覧会での
プロジェクションマッピング

図画工作科におけるICT・プログラミング教育は始まったばかりである。ぜひ、各校でICT環境、タブレット端末を活用し、今までできなかった、新しい授業を実践することによって、「主体的・対話的で深い学び」の実現に資するICT・プログラミング教育を進めていただければと思う。

1台のタブレット端末でみんなの作品を組み合わせている様子（Viscuitを活用した実践）

指導のポイント

東京都新宿区立
富久小学校 主任教諭
岩本紅葉

ICTを活用するメリット

p.4でも述べられている通り、手を動かして、材料に触れ、道具を使って行う表現活動は子どもの成長において不可欠である。図画工作の授業を実施する上で、絵の具の質感や粘土の手触りなど子どもたちが目や肌で直接感じて自分の身体を動かして表現することはとても大切である。しかし、ICTを使うメリットもたくさんある。私が考えるICTを使う大きなメリットは以下の三つである。

一つめは何度もやり直しをすることができることである。図画工作に苦手意識をもっている子どもは絵を描いたり、工作をしたりする際に失敗を恐れてしまって意欲的に活動できないことがある。しかし、ICTは簡単に何度でもやり直しをすることができるため、図画工作に苦手意識をもっている子どもの手助けになる。また、得意だと感じている子どもも納得がいくまでつくり、つくりかえることができるので多くの工夫ができる。

二つめはダイナミックなアウトプットができることである。プロジェクションマッピングで作品を発表したり、ロボットを使って作品を動かしたりすることは子どもの心を揺さぶり、見ている者に感動を与えることができる。

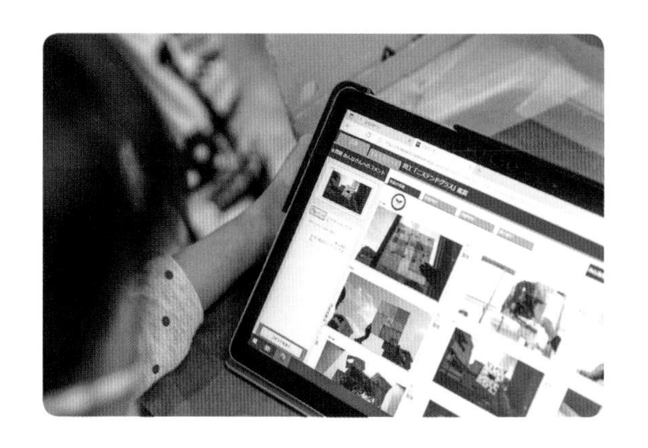

三つめは他者と共創できることである。TeamsやZoom、Google Meetなどで他の学校の友達とつながり、ともに創造することができる。また、完成した作品を離れている友達に紹介することも可能である。

他にも、作品を記録してそのプロセスを子どもも教師も見取りやすかったり、鑑賞する方法の幅が広がったりとさまざまなメリットがある。

ICTを活用する授業を考える際のコツは、ICTを描画材料の一つだと捉えることである。なぜ、そのツールを活用するのか。子どもにどのような力を身につけさせたいのか。子どもの実態に合っているのか。なぜ、そのICTツールを活用するのかを、よく考えた上で授業に取り入れてほしい。

準備のポイント

また、ICTを活用する授業を実施する際には事前に絵の具や色画用紙、木材や粘土などを準備するのと同じように、事前の準備が必要である。準備のポイントは下記の通りである。

❶ 実際に作品をつくる

参考作品を提示するにしてもしないにしても実際に作品をつくって研究すること。どのような表現ができるのか、失敗してしまった場合はどうすればよいのか、教師自身が試しておくことが大切である。

❷ 充電の状態を確認する

ICTには充電しながら扱えるものもあれば、事前に充電しておかなければならないもの、電池で動くものなどさまざまなツールがある。事前に充電しなければならないものも、充電に必要な時間も、充電してから使える時間もさまざまである。充電の状態を把握し、十分に充電してから授業を実施できるようにすることが重要である。

❸ ネットワークの環境を確認する

ICTのツールにはネットワークを使用するものも多い。子どもたちが同時に作品をつくったり描いたりしても問題なく動作させたり、保存したりできるのか確認をすることが大切である。

授業中のポイント

授業中のポイントにおいても考え方はICTを活用しない授業と同様である。授業中のポイントは下記の通りである。

❶ 教え過ぎない

絵の具や粘土などの材料と同じように子どもが自分で考え、試す時間を確保すること。ICTの使い方は必要最低限のことのみを伝え、子どもが実際に使って学ぶことが大切である。

❷ 大切に扱うよう伝える

ICTのツールは大切に扱わなければ壊れる可能性がある。また、値段も高価なものが多い。乱暴に扱わないようにするのはもちろんのこと、机上から落ちないようにする、水がかからないようにするなど、大切に扱うように伝えること。

❸ 必ず作品を保存するよう伝える

ICTのメリットは簡単にやり直しができることである。しかし、その一方でボタンを押すだけで作品を削除することが可能である。作品が仕上がったら間違いなく保存するよう指導する。

❹ プロセスを丁寧に見取る

ICTの種類によっては活動のプロセスを記録できるものもあるが、記録に残らないものも多い。他の授業と同じように授業中の観察はとても重要である。プロセスの記録については写真や動画で記録しておくとよい。

これらのポイントを押さえて授業を実施してほしい。それぞれのICTツールについてはp.10-13を参考にしてほしい。

ペイント 3D

Microsoft 社が提供しているペイントソフト。芸術的な作品を創造する場合でも、落書きしたいだけの場合でも、簡単に創造力を解き放ち、アイデアを形にすることができる。

➡ 27-30 ページ

Viscuit

合同会社デジタルポケットが提供しているとても簡単なプログラミング言語。「メガネ」という仕組みたった一つだけで単純なプログラムからとても複雑なプログラムまでつくることができる。

➡ 19-22 ／ 23-26 ／ 39-42 ／ 75-78 ／ 95-98 ／ 99-102 ／ 108 ページ

Teams

Microsoft 社が提供している共有コンテンツにいつでもアクセスすることができるツール。共同編集やビデオ会議などを行うことができる。

➡ 27-30 ／ 78 ／ 99-102 ページ

KOMA KOMA for iPad

子どもから大人までたのしく簡単にコマ撮りアニメーションが撮影できることができるソフト。

➡ 31-34 ページ

micro:bit

イギリスの BBC（英国放送協会）が主体となってつくった教育向けマイコンボード。ボタン操作によるゲーム、LED を使った光遊び、モーター制御やスピーカー操作などができる。

➡ 35-38 ページ

Sphero

スフィロ社が開発した球形ロボット。ラジコン操縦もプログラミング制御もできる。防水性のため、絵の具をつけて絵を描いたり、水に浮かべたりすることもできる。

➡ 43-46 ／ 67-70 ページ

mBot

Makeblock 社が開発した車型のロボット。スマートフォンやタブレット端末でコントロールしたり、ブロック式のビジュアル・プログラミングもしくはテキスト・プログラミングを利用して自動制御で走行させたりすることができる。

➡ 47-50 ページ

オクリンク

ベネッセコーポレーションが提供しているタブレット学習ソフト「ミライシード」のツール。他者の考えに触れながら自分の思考を深め、考えの筋道を立てて表現する力を養うことができる。

➡ 51-54 ページ

ムーブノート

ベネッセコーポレーションが提供しているタブレット学習ソフト「ミライシード」のツール。個人の意見を瞬時にクラス全体に共有。他者の意見を取り入れながら自分の意見を見直し、考えをさらに深めて新しい気づき・発見を生み出す、全員参加型の授業を実現できる。異学年や他の学校と一緒に授業を実施することもできる。

➡ 55-58 ／ 102 ページ

Laserbox

Makeblock 社が開発したレーザーカッター。紙、段ボール、木材、アクリル、布、皮革などさまざまなものを思い通りの形に切ったり彫刻したりすることができる。

➡ 59-62 ／ 91-94 ページ

MESH

ソニーマーケティング株式会社が開発した IoT ブロック。センサーやスイッチなどの機能を身近な材料と組み合わせて、プログラミングすることで、さまざまなアイデアを形にできる。

➡ 63-66 ／ 79-82 ／ 107 ページ

KOOV

ソニー・グローバルエデュケーションが開発したプログラミング学習サービス。カラフルなブロックで自由な形をつくって動きを与えるキットとアプリで創造力とプログラミング的思考力を育むことができる。

➡ 71-74 ／ 91-94 ページ

夜撮カメラ

スタジオラララボ社が開発したカメラアプリ。夜景や夜空を美しく撮影することができる。

➡ 83-86 ページ

littleBits

コルグ社が開発したマグネット式電子工作キット。マグネット式の各モジュールをつなぎ合わせることで、電子回路をたのしく学ぶことができる。

➡ 79-82 ／ 87-90 ／ 108 ページ

Adobe Express

アドビが開発したオンラインのデザインツール。10 万点以上のテンプレートや、おしゃれなデザイン素材、Adobe Stock の写真素材を活用して、簡単に魅力的なコンテンツを誰でもつくることができる。

➡ 18 ／ 74 ／ 103-106 ページ

マチアルキ

東京書籍が開発したARアプリケーション。タブレット端末やデジタルカメラを使ってコンテンツをつくり、ARにして公開することができる。

➡ 108 ページ

PowerPoint

Microsoft 社が提供しているプレゼンテーションソフトウェア。文字や図形、表、グラフなどを組み合わせて見栄えのよいスライドを作成することができる。

➡ 15-18 ／ 74 ／ 98 ／ 109 ページ

Keynote

ほとんどのApple社製デバイスに内蔵されているプレゼンテーションソフトウェア。パワフルなツールや魅力的なエフェクトを駆使して、目を奪う印象的なプレゼンテーションを簡単につくることができる。

➡ 15-18 ／ 74 ／ 98 ／ 109 ページ

Google スライド

Google 社が提供しているオンラインスライドショー作成ツール。優れたプレゼンテーションを共同作成することができる。

➡ 74 ／ 98 ／ 109 ページ

※ 各ソフトは本書の刊行時のものです。変更やサービスを終了していることがあります。
※ 本書に記載されている会社名、商品名、サービス名は、各社の商標または登録商標です。
本書に記載されているシステム名、製品名などには必ずしも商標表示（TM,®）を付記していません。
※ QR コードは株式会社デンソーウェーブの登録商標です。

写真を変身させて不思議な生き物を生み出そう

1 学年　**2～4** 時間

題材名

はっけん！ ふしぎないきもの［絵］

ICT・プログラミング活用のねらい

図工室や教室にある用具や材料などの形に目や手足などを描き足すことで「ふしぎないきもの」を想像して描く題材である。

さまざまな用具や材料を撮影し、その写真をPowerPointの「描画」の機能を使って、工夫して不思議な生き物に変身させる。

使用教材、準備するもの

PowerPointやKeynoteなど描画機能を使用することができるタブレット端末、さまざまな色の色画用紙（撮影する際に背景として使用する）、プロジェクター、図工室や教室にある文房具

題材について

本題材は図工室や教室にあるさまざまなものの写真を撮影し、PowerPointやKeynoteなどの「描画」の機能を使って、その写真に目や口、体などを描き足して不思議な生き物を描く。「描画」には、ペン、鉛筆、蛍光ペンがあり、ペンの太さや透明度を変更でき、色も自由に選択できる。また、イメージに合わせて背景の色を変えたり、背景に絵を描き足したり、別の写真を組み合わせたりすることもできるため、多様な表現が生まれる。

「戻る」機能を使えば描き直すこともでき、写真を別のスライドにコピー＆ペーストすれば同じ文房具から複数の種類の生き物を生み出すこともできる。

写真を変身させて不思議な生き物を生み出そう

はっけん！ ふしぎないきもの

評価規準

知	知識	写真を変身させて絵に表す活動を通して、写真から生まれた形や色の面白さに気づいている。
	技能	撮影したものの形や色を生かしながら、目や手足などを工夫して生き物を描いている。
思	発想	撮影した写真から表したい生き物を思いつき、どのように表すかについて考えている。
	鑑賞	友達と描いた生き物を見せ合い、互いのよさや面白さに気づくことで、自分の見方や感じ方を広げている。
態		撮影した写真に目や手足などを描き足して生き物を表す学習活動にたのしく取り組もうとしている。

授業計画

授業計画	児童の活動	教師の支援
導入 7分	● 身のまわりにある文房具を「ふしぎないきもの」に変身させることを知る。 ● 身のまわりにある文房具をどのような生き物に変身させることができそうか考える。 ● どんな生き物が生み出せそうか発表し合う。 PowerPoint に写真を挿入している画面	● 図工室や教室にあるさまざまなものに着目させる。 ● 児童が発表したことを共有する。 ● 写真を撮影して PowerPoint や Keynote などで絵を描く方法を伝える。 絵を描く方法を伝えている画面

授業計画	児童の活動	教師の支援
展開 68～158分	●図工室や教室にあるものを撮影する。 撮影している様子 ●撮影した写真をPowerPointに取り込み、背景を削除する。 ●撮影したものに絵を描き、生き物に変身させる。 何を描き足すか考えている様子	●背景が単色になるように画用紙を設置して撮影場所をつくっておく。 色画用紙をしいて児童が自由に選択できるようにしてもよい ●「背景の削除」の手順を板書したり、投影したりしておく。 タッチペンで描いている様子
まとめ 10分	●プロジェクターで投影された作品を見て鑑賞する。	●作品をスライドショーモードにしてプロジェクターに投影する。
ふりかえり 5分	●工夫したところや友達の作品のよいところを発表する。	●提出された作品を印刷して後日展示する。

児童の感想

- 私が見つけたのは、ユニコーンの水筒です。工夫したところは、ユニコーンの耳と、しっぽです。
- 私が見つけたのは、虹色ウサギです。鉛筆を入れるところが鼻になるように考えました。
- カラフルなペンや、いろいろな色で描けたのがたのしかったです。

作品を発表している様子

指導のポイント

- 写真を撮影する際には、ぶれないように指導をする。撮影場所で撮影する際には、端末を机の上に置くなど固定して撮影するとよい。
- さまざまな色の画用紙を用意し、児童のイメージに合わせて作品の背景の色を選択できるようにする。
- 共同編集機能を使うことで、児童が描いている際にも相互鑑賞することが可能である。共同編集する際には他の児童のページを編集しないよう伝える。
- 共同編集をすることが難しい場合は個人の端末に保存してから共有する。
- 「背景の削除」を活用することで背景を透明にして必要な部分のみ抽出することもできる。「背景の削除」は、iPadのアプリケーションの「Keynote」、ブラウザで使用できる「Canva」や「Adobe Express」などにもある機能であるため、これらのツールで同授業を行うことが可能である。
- アニメーションの機能や音声の挿入機能を活用することで、描いた生き物を動かしたり声を出させたりすることも可能である。
- 指で描いてもよいが、タッチペンがあると細かい部分も描くことができる。

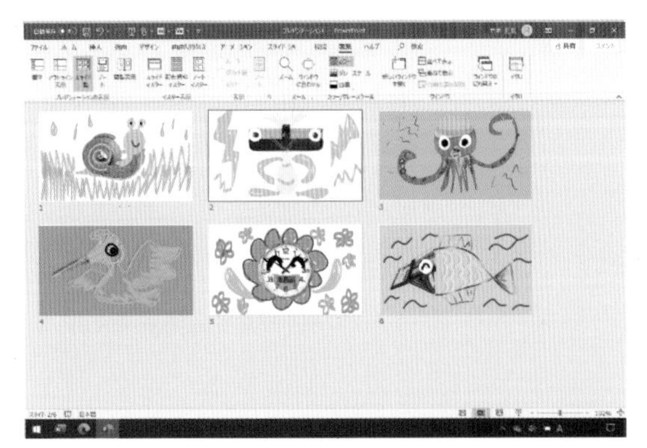

「表示」➡「スライド一覧」にすると児童の作品の一覧を見ることができる

comic

失敗は成功のもと!?

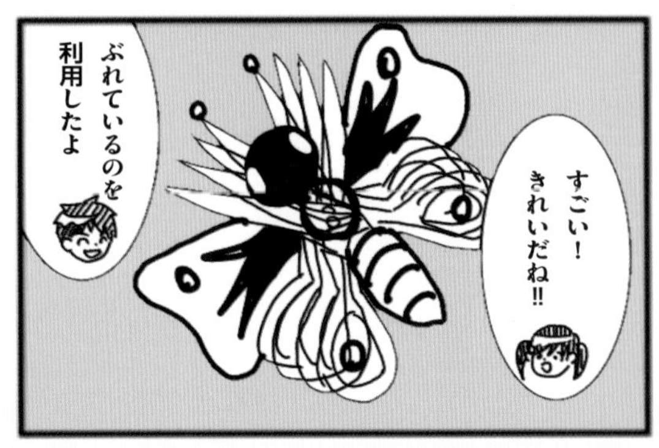

思い通りに動く海の生き物を描こう

2 学年　3 時間

題材名

スイミーが見たセカイ［絵］

ICT・プログラミング活用のねらい

　ビジュアルプログラミング言語のViscuitを使うことで、自分の描いた海の生き物を思い通りに動かすことができる。海の生き物の口やヒレを動かしたり、色を次々と変化させたりすることも可能である。また、何度も描き直すことができるため、失敗を恐れずに、一番気に入った表現を選択することができる。

使用教材、準備するもの

　Viscuitを使用することができるタブレット端末、タッチペン（ない場合は指で描く）、プロジェクター、白い模造紙や不織布などのスクリーンになるもの

題材について

　国語科で「スイミー」の学習をした後に取り組む題材である。
　スイミーが見た世界を想像し、Viscuitで工夫して描き、海の中の世界をつくる。
　鑑賞する際には、全員の作品を一つに集めることができる「Viscuitランド」の機能を使うことで、ダイナミックな海の世界を体験することができる。

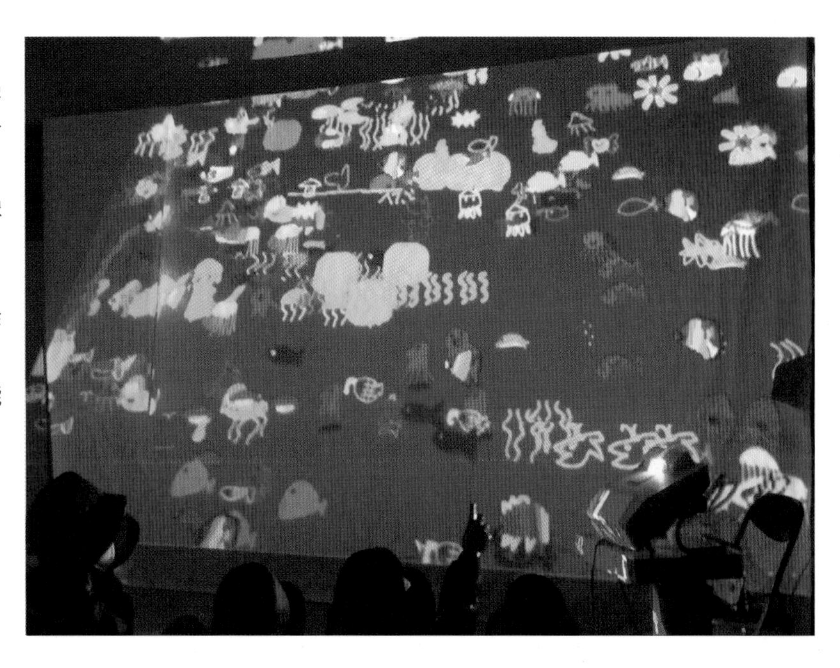

思い通りに動く海の生き物を描こう

スイミーが見たセカイ

評価規準

知	知識	物語をもとに海の中の生き物を描く活動を通して、形や色の面白さやよさに気づいている。
	技能	Viscuitの扱いに慣れるとともに、形や色、描き方を工夫して表している。
思	発想	物語をもとに表したい海の生き物を思いつき、どのように表すかについて考えている。
	鑑賞	自分や友達が描いた海の生き物や海の世界のよさや面白さに気づくことで、自分の見方や感じ方を広げている。
態		Viscuitで絵を描く学習活動にたのしく取り組もうとしている。

授業計画

授業計画	児童の活動	教師の支援
導入 35分	● Viscuitの使い方を知る。 1　絵を左や右に動かす。 2　絵を上や下に動かす。 3　絵を上下に繰り返し動かす。 4　二つの絵を組み合わせて絵が変化するように動かす。 ● スイミーが見た世界がどのような世界だったかを想像する。 ● Viscuitでスイミーが見た世界を想像して海の生き物を描くことを知る。	● 事前にViscuitのURLを配布する準備をしておき、すぐに児童に共有できるようにする。 ● Viscuitの基本的な操作方法をプロジェクターで映したり、板書したりしておく。 魚の動かし方 ● どうすれば思い通りに動かすことができるのかを問いかけ、児童自らがViscuitを触って解決できるようにする。

授業計画	児童の活動	教師の支援
展開 45分	● Viscuitでどのような海の生き物を描きたいか考える。 ● Viscuitで絵を描く方法を知る。 1　ペンの色の変え方を知る。 2　ペンの太さの変え方を知る。 3　絵の描き直し方を知る。 4　絵を削除する方法を知る。 ● Viscuitで海の生き物を描く。	指で海の中の世界を描いている様子
まとめ 10分	● 作品を保存し、自分や友達の作品をタブレット端末の画面上で鑑賞する。 魚と海草が動いている児童の作品 ● Viscuitランドがプロジェクターで投影されている教室へ行き、作品を鑑賞する。	● 作品を誤って削除しないよう、保存のしかたを確実に伝える。 ● ネットワーク環境によっては作品が保存できない場合があるため、児童にはスクリーンショットや画面収録で作品を記録するよう指導する。また、教師の端末で活動中の様子の動画や写真で記録をとっておく。 ● Viscuitランドの画面をプロジェクターで事前に投影しておく。
ふりかえり 45分	● 自分が保存した作品についてタブレット端末でまとめる。 ● 感じたことを伝え合う。	● ふりかえりの内容はその場で発表したり、後日共有したりする。

児童の感想

- 虹色に色が変わる魚が泳いでいてすてきだった。
- イカが墨を吐きながら泳いでいるように見せるためにはどうすればよいか考えて、工夫して描くことができた。
- 自分の作品がみんなの作品と一緒に泳いでいて驚いた。ずっと海の中の世界にいたいと思った。
- 他の学年の友達にもほめてもらえてうれしかった。

Viscuit ランドで全ての児童の作品が集合している様子

指導のポイント

- Viscuitを学校で使用する際には無料版と有料版があり、本題材ではどちらの場合でも実施可能である。事前にhttps://www.viscuit.com/school/へアクセスし、授業で使用する準備を行う。
- 無料版であれば各学級2回授業を実施することが可能であり、有料版であれば何回でも実施することが可能である。（本書の刊行時）
- Viscuitを使用する準備が整ったら、本題材で使用するViscuitのURLを児童に伝える。QRコードを提示したり、URLを直接共有したりする。
- 初めてViscuitを使用する際には、「ビスケットのきほん」からスタートするとよい。
- 鑑賞する際に2台以上のプロジェクターを組み合わせることで、教室中の壁面と天井に作品を投影することができ、幻想的な空間を演出できる。
- プロジェクターで作品を投影する壁面や天井は白色が適している。壁面が暗い色の場合は白色の模造紙や不織布で覆っておく。
- 2台のプロジェクターを設置する際はプロジェクターの光が交差しないよう、高さを変えて設置する。

2台のプロジェクターを使用して、3面の壁面と天井の一部に作品を投影できるよう準備しておく

comic

学年をこえて…

触ると割れて生き物が生まれるたまごを描こう

2 学年　2～3 時間

題材名

ミラクルたまご［絵］

ICT・プログラミング活用のねらい

Viscuitには「絵を触ると変化する」機能がある。この機能を活用して、たまごに触るとたまごが割れて生き物が生まれ、その生き物が動き出す作品を描くことができる。

アナログの絵を描く活動とViscuitで動く絵を描く活動の両方に取り組むことで、より作品のよさや面白さを感じることができる題材である。

使用教材、準備するもの

Viscuitを使用することができるタブレット端末、タッチペン（ない場合は指で描く）、事前に画用紙に描いておいた絵画作品

題材について

事前にミラクルたまごとそのたまごが割れたらどのような生き物が生まれるのかをクレヨンやパス、絵の具で描いておく。

その絵画作品が動き出したらどのように動くのかを考えてViscuitで描く題材である。

たまごが割れるプログラム

触ると割れて生き物が生まれるたまごを描こう

ミラクルたまご

評価規準

知	知識	ミラクルたまごとそこから生まれる生き物を描く活動を通して、形や色の面白さやよさに気づいている。
	技能	Viscuitの扱いに慣れるとともに、ミラクルたまごの形や色、描き方を工夫して表している。
思	発想	自分が描いたアナログのミラクルたまごの絵をもとにViscuitで表したい絵を見つけ、どのように表すかについて考えている。
	鑑賞	触って変化するたまごの絵のよさや面白さに気づくことで、自分の見方や感じ方を広げている。
態		Viscuitでミラクルたまごを描く学習活動にたのしく取り組もうとしている。

授業計画

授業計画	児童の活動	教師の支援
導入 10分	●クレヨンやパス、絵の具で描いた「ミラクルたまご」の作品をViscuitで描くことを知る。  クレヨンやパス、絵の具で描いた「ミラクルたまご」の作品 ●Viscuitの既習事項を確認する。 「スイミーが見たセカイ」(p.19-22)参照。 ●背景の色の変え方、触ると絵が変わる仕組みを知り、その仕組みを試す。	●クレヨンやパス、絵の具で描いた作品をそれぞれの児童の机上に展示しておく。 ●事前にViscuitのURLを配布する準備をしておき、すぐに児童に共有できるようにする。 ●Viscuitの操作方法をプロジェクターで映したり、板書したりしておく。(p.23のQRコード)参照。 ●背景の色の変え方、触ると絵が変わる方法を伝える。 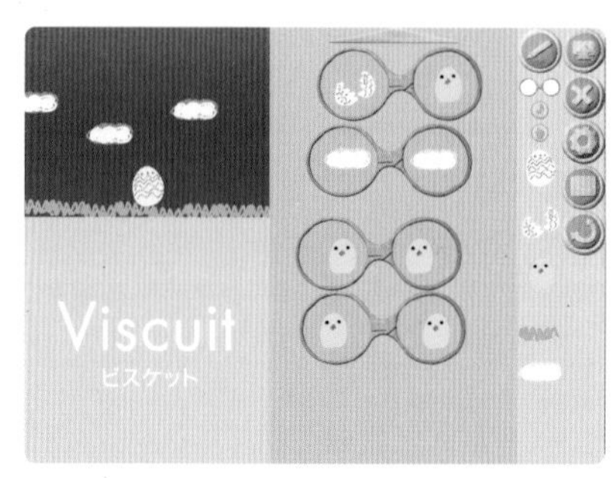 説明用に教師が描いた作例

授業計画	児童の活動	教師の支援
展開 65〜110分	●クレヨンやパス、絵の具で描いた「ミラクルたまご」の作品が動き出すとどうなるかを考え、Viscuitで描く。 児童がViscuitで描いた作品	●活動中の様子を写真や動画で記録しておく。 たまごを指で触って割れるか試している様子
まとめ 10分	●自分の作品のQRコードとスクリーンショットを提出する。 ●作品を再生して、互いのたまごを触って相互鑑賞する。	●作品をプロジェクターで投影する。
ふりかえり 5分	●ワークシートやタブレット端末などを活用し、ふりかえりをする。	●クレヨンやパス、絵の具で描いた作品とともに、Viscuitで描いた作品のQRコードを印刷したものを展示する。 作品を展示している様子

児童の感想

- 自分のイメージに合わせてViscuitで描くことができた。
- たまごと生き物以外にも、雲を描いて雲を触ると雨が降るようにする工夫ができた。
- たまごをたくさん描いて、その種類によって生まれてくる生き物が変わるようにした。

鑑賞している様子

指導のポイント

- 事前に「スイミーが見たセカイ」（p.19-22参照）に取り組んでおくとスムーズに活動することができる。
- 歯車のマークを押すと、さまざまな設定を変えることができる画面が表示される。本題材では児童に背景色の変え方を伝える。

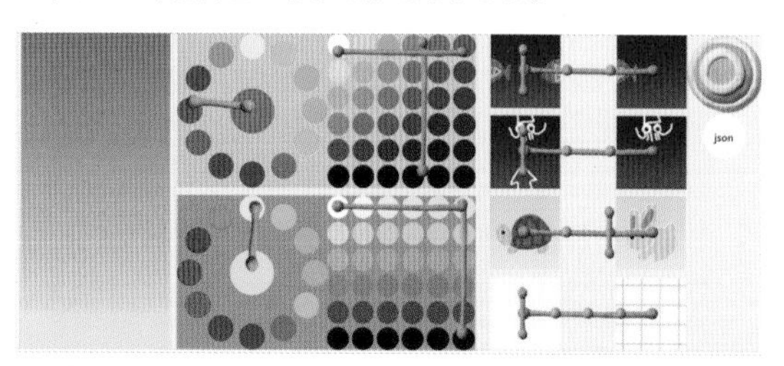

背景の色を編集する画面。上と下を異なる色に設定することでグラデーションの背景を設定することができる

- 作品をQRコードにして保存することができるため、アナログで描いておいた絵画作品とともに展示するとアナログとデジタルそれぞれの作品を鑑賞することができる。

QRコードを読み込んで鑑賞している様子

comic

教わらなくても大丈夫！

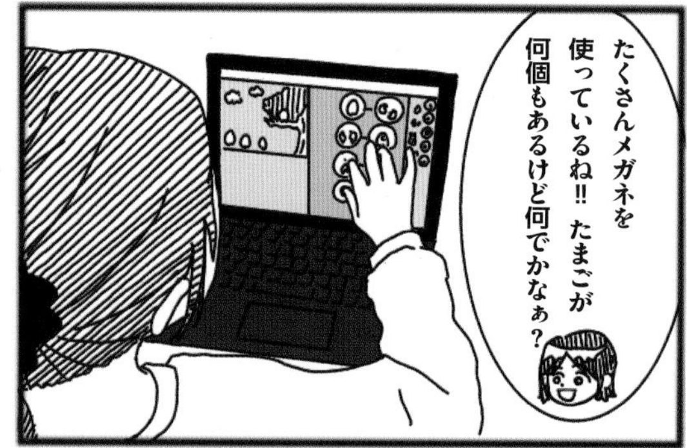

行ってみたい世界を描いて その世界の中に入ろう

2 学年　3～4 時間

題材名

いってみたいな こんなせかい［絵］

ICT・プログラミング活用のねらい

行ってみたい世界を描き、紹介し合ってたのしむことを通して、心を開き、たのしく活動し、友達と関わり合う力を培う題材である。自分が行ってみたい世界の絵をペイント3Dなどの描画ツールで描き、その作品をTeamsなどのビデオ会議のバーチャル背景に設定し、その世界の中に自分が入っているような体験をして鑑賞をする。

描画ツールを活用することで何度でも描き直しをしたり、塗りつぶしをしたりすることができるため、絵を描くことが苦手な児童もたのしんで絵を描くことができる。また、鑑賞の様子をビデオ会議のレコーディングで記録することができるため、絵に自分の写真を貼る題材ではできない「動き」を加えて鑑賞することができる。

使用教材、準備するもの

ペイント3Dなどの描画ツール、タッチペン（無ければ指で描く）、Teamsのビデオ会議やGoogle MeetやZoomのいずれかを使用することができるタブレット端末、プロジェクター

題材について

Teamsのビデオ会議、Google Meet、Zoomにはバーチャル背景の機能がある。本題材では、このバーチャル背景の機能を使って、自分の描いた絵をバーチャル背景に設定し、その世界の中に自分を溶け込ませることができる題材である。

行ってみたい世界を描く時間を２～３時間、自分の描いた絵をバーチャル背景に設定して鑑賞する時間を１時間で行う。対面でも、オンラインのみでも実施することができる。

行ってみたい世界を描いてその世界の中に入ろう
いってみたいな こんなせかい

評価規準

知	知識	ペイント3Dで行ってみたい世界を絵に表す活動を通して、描かれた世界の形や色の面白さやよさに気づいている。
	技能	ペイント3Dで行ってみたい世界の形や色、描き方を工夫して表している。
思	発想	行ってみたい世界を思いつき、ペイント3Dでどのように表すかについて考えている。
	鑑賞	自分や友達が描いた世界のよさや面白さに気づくことで、自分の見方や感じ方を広げている。
態		行ってみたい世界を描いたり、ビデオ会議で友達の描いた世界の中に入ったりする学習活動にたのしく取り組もうとしている。

授業計画

授業計画	児童の活動	教師の支援
導入 7分	●行ってみたい世界を発表し合う。 ●行ってみたい世界をビデオ会議のバーチャル背景に設定することを知り、どんな世界の絵を描くか考える。 ●ペイントツールでどんな絵を描けるか試す。 さまざまなペンを使い分けている様子	●実際にある世界や、空想の世界、行ってみたい世界を想起させる。 ●発表されたものを板書または投影し、視覚化する。 ●ペイント3Dなどの描画ツールの使い方を伝える。 板書の様子

授業計画	児童の活動	教師の支援
展開 108～153分	●行ってみたい世界を工夫して描く。  四つの世界を描いている児童	 サッカー選手がいる世界を描いている児童
まとめ 15分	●自分の描いた作品をビデオ会議のバーチャル背景に設定して、ポーズを決めたり動いたりする。 ●机上にタブレット端末を置き、相互鑑賞を行う。  バーチャル背景を設定している様子	●バーチャル背景の設定のしかたを伝える。 ●鑑賞している様子をレコーディング（録画）しておく。  ブレイクアウトルームでグループごとに分かれて鑑賞している様子
ふりかえり 5分	●互いの作品のよさを発表し合う。	●最後にスクリーンショットで記念撮影をし、それを印刷して展示する。

児童の感想

- みんなの世界がよかったです。たくさん映って、星座の世界に行ったり、車の世界に行ったり、いっぱい行けてたのしかったです。
- ぼくは、三つの世界をつくりました。お金持ちになった世界、自分の名前を入れた世界、洋服や王冠がある世界です。いろいろな世界がつくれて、たのしかったです。

指導のポイント

- ペイントツールを試す時間を十分確保する。
- 教室でビデオ会議を行う場合は、ハウリングを防ぐため、児童のタブレット端末からの音声はオフにして実施する。
- ビデオ会議で鑑賞を行う際には、ニュースのリポーターのように自分のバーチャル背景の作品の紹介をするとたのしんで鑑賞することができる。
- オフラインで実施する場合、相互鑑賞を行う際にはタブレット端末を机上に置いて移動しながら鑑賞する。タブレット端末の前に移動し、互いのバーチャル背景に合わせて動いたり、ポーズを決めたりするとよい。
- オンラインのみで実施する場合は、ブレイクアウトルームの機能を使って少人数で相互鑑賞を何度か行うことでじっくり鑑賞することができる。
- 時間のある児童は、自分の描いたバーチャル背景のイメージに合わせて自分を変身させる小道具を身近な材料でつくっても面白い。

少人数で鑑賞している様子

comic

変身できます!!

木でつくった生き物でコマ撮りアニメーションをつくろう

3 学年　3 時間

題材名

木から生まれた物語［絵］

ICT・プログラミング活用のねらい

KOMA KOMAはコマ撮りアニメーションを簡単につくることができるアプリケーションである。写真を撮るとその残像が半透明で残り、その残像を参考にして次の写真を撮影することができるため、スムーズに動くアニメーションをつくることができる。

本題材では、事前につくっていた木工作の作品をKOMA KOMAで撮影することで物語をつくる。

使用教材、準備するもの

KOMA KOMAを使用することができるタブレット端末、木材でつくった作品、画用紙、色画用紙、透明な糸、セロハンテープ、はさみ、ペンなど

題材について

本題材は、自分が木でつくった生き物に生命を吹き込むような感覚を味わうことができる題材である。

友達と協力して撮影することでさまざまな物語を生み出すことができる。

2時間でアニメーションをつくり、1時間で作品を鑑賞する。

展開

木でつくった生き物でコマ撮りアニメーションをつくろう

木から生まれた物語

評価規準

知	知識	木でつくった生き物でアニメーションをつくる活動を通して、写真をつなげて思い通りに動かす方法がわかっている。
	技能	物語をもとに木でつくった生き物の動かし方や撮影のしかたを工夫している。
思	発想	木でつくった生き物から物語の想像を広げ、動かし方をどのように表すかについて考えている。
	鑑賞	自分たちや他のグループの友達の作品を見て、動かし方や撮影のしかた、ストーリーのよさを感じ取り、自分の見方や感じ方を広げている。
態		友達とアイデアを出し合いながら、協力してアニメーションをつくる学習活動に進んで取り組もうとしている。

授業計画

授業計画	児童の活動	教師の支援
導入 7分	● 自分たちが木でつくった生き物でアニメーションをつくることを知る。 ● KOMA KOMAの使い方を知る。	● KOMA KOMAのブラウザ版を使う場合はURLを児童に伝え、「KOMA KOMA For iPad」や「KOMA KOMA」を使用する場合は事前にインストールしておく。 ● 動かしたいものを少しずつずらして撮影したものと、大幅にずらして撮影したものを比較して提示する。
展開 83分	● どんな物語をつくるか友達と話し合う。 ● 友達と協力して、図工室の環境を生かしたり、身近な材料を組み合わせて撮影のセットをつくったりしながらコマ撮りアニメーションをつくる。 色画用紙でつくられたセットと木でつくった生き物	● 図工室の中央に材料置き場を設置しておく。 ● 撮影する際には写真がぶれないよう、机の上や椅子の上にタブレットを置いて撮影するよう指導する。 ● 活動が滞っているグループには他のグループの活動を鑑賞させたり、助言したりする。 ● 活動の様子を写真や動画で撮影しておく。

授業計画	児童の活動	教師の支援
	作品を提出するフォルダの画面	図工室の環境を生かして撮影している様子
まとめ 30分	● 自分たちの作品を保存して提出する。 ● プロジェクターで投影された作品を相互鑑賞する。 ● 工夫したところを各グループで発表する。	● 事前に作品を保存するフォルダを用意しておく。 児童が撮影した写真
ふりかえり 15分	● ワークシートやタブレット端末などを活用し、ふりかえる。	● ふりかえりの内容はその場で発表したり、後日共有したりする。

児童の感想

- 透明な糸を使って自分の作品が空を飛んでいるように撮影することができた。
- 動いている様子から、次々と物語を想像することができた。
- 映画監督になったみたいでたのしかった。
- 図工室の椅子や机の雰囲気を生かして撮影することができた。

指導のポイント

- KOMA KOMAにはiPad、Windows、Macなどの端末にインストールして使用するものと、インストールせずに使用できるブラウザ版がある。
- インストールして使用できるものはそれぞれのバージョンによって仕様が異なる。
- ブラウザ版は99枚の写真を撮影することができる。長い物語をブラウザ版で作成する場合は、第一話、第二話と分けてつくるとよい。
- 作品を保存する際には必ず名前をつけて保存するよう指導する。そのまま保存すると同じ名前でデータが保存されてしまうため、同じフォルダ内に児童の作品を集約した際に作品が上書きされてしまう。
- アウトカメラとインカメラとを切り替えて撮影することができる。アウトカメラのほうが画質がよいので本題材に適している。

展覧会ではプロジェクターで投影して紹介した

comic

連打したのに

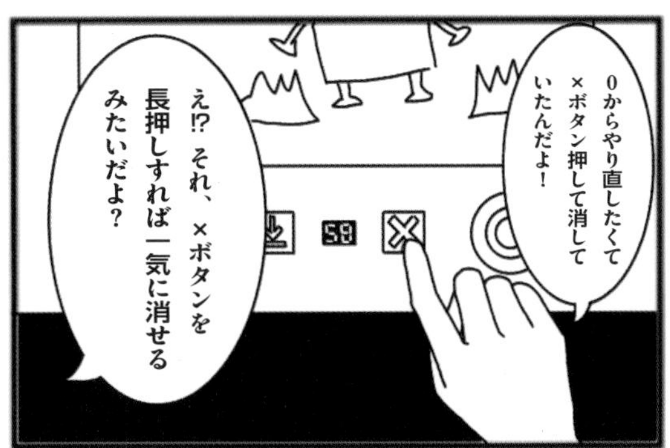

micro:bit を使って動物たちを光らせよう

3 学年 **7** 時間

題材名

ファンタジーアニマル［立体］

ICT・プログラミング活用のねらい

光を通す材料の形や色を組み合わせながら表したいことを見つけ、形や色などの感じを捉えながら、自分の表したい動物を表す。

作品が完成したらmicro:bitを使ってイルミネーションボードをプログラミングし、その動物たちを光らせる。イルミネーションボードをプログラムすることにより、光を点滅させたり、虹のように色を変化させながら光らせたり、自分の作品のイメージに合う色のみを使用したりするなどさまざまな光らせ方ができる。

使用教材、準備するもの

micro:bit、micro:bit用イルミネーションボード、単四電池、USBリード、タブレット端末、障子紙、お花紙、色セロハン、新聞紙、ラップフィルム（サランラップなど）、ニス、刷毛、筆、ペン、板目紙、暗幕

題材について

本題材は、光を通す材料を組み合わせて動物の形をつくり、micro:bitによってプログラムされたイルミネーションボードを使って動物を光らせてファンタジーな空間をつくる題材である。

５時間で動物の形をつくり、1時間で光らせ方をプログラミングし、１時間で作品を鑑賞する。

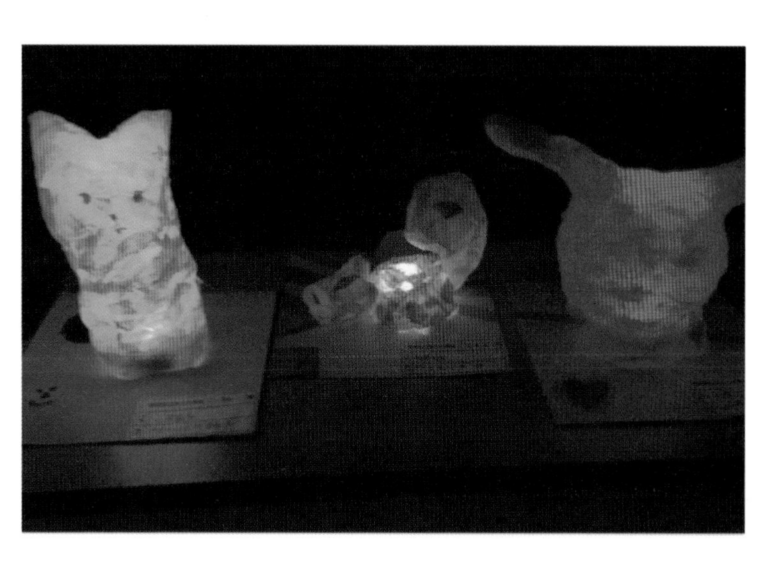

micro:bit を使って動物たちを光らせよう

ファンタジーアニマル

評価規準

知	知識	光を通す材料とmicro:bitを組み合わせる活動を通して、形や色、それらの組み合わせによる感じなどがわかっている。
	技能	光を通す材料とmicro:bitを組み合わせながら、表したいことに合わせて表し方を工夫している。
思	発想	形や色、プログラム、それらの組み合わせによる感じなどから想像を広げ、光を通す材料とmicro:bitを組み合わせながら、どのように表すかについて考えている。
	鑑賞	自分や友達の作品の造形的なよさや面白さ、いろいろな表し方などについて感じ取り、自分の見方や感じ方を広げている。
態		光を通す材料とmicro:bitを組み合わせながら、思いついた動物を表す学習活動に進んで取り組もうとしている。

授業計画

授業計画	児童の活動	教師の支援
導入 5分	● 障子紙やお花紙に触れ、どのような動物を表そうか考える。	● 明るい場所と暗い場所で作品を提示する。
展開1 220分	● 障子紙やお花紙などを組み合わせて動物をつくる。 ① 新聞紙で動物の形をつくる。 ② 新聞紙をラップフィルムで覆う。 ③ 障子紙やお花紙などをニスで貼って乾かす。 ④ 中の新聞紙とラップフィルムをくり抜く。 ⑤ ペンで顔や模様を描く。 ⑥ 板目紙で動物を置くための土台をつくる。	● 活動の流れや参考作品を提示しておく。 ● 障子紙、お花紙、色セロハンなど児童のイメージに合わせて使うことができるようにする。 障子紙やお花紙をニスで貼っている様子

授業計画	児童の活動	教師の支援
展開2 45分	● micro:bitやイルミネーションボードに触れ、どのように光らせるか考えてプログラムをつくる。 ● プログラムを転送し、作品を光らせて試す。 イルミネーションボードの使い方	● LEDライトで光らせるとどうなるか試すことができる場を用意しておく。 明るい場所で撮影した作品 暗い場所で撮影した作品
まとめ 30分	● 自分の作品についてまとめる。 ● 作品を好きな場所に展示したり、見せ合ったりすることで作品のよさや面白さを味わう。	工夫したところ 私は、colorful ペンギンという作品をつくりました。とてもカラフルでかわいいペンギンがいるといいなという発想から、生まれました！ 作品を紹介するカード
ふりかえり 15分	● ワークシートやタブレット端末などを活用し、ふりかえる。	● ふりかえりの内容はその場で発表したり、後日共有したりする。

児童の感想

- Aくんのゴリラの作品が大きくてダイナミックで迫力があった。明るい場所で見ると本物のゴリラのような色で、暗くなるといろいろな色に光っていてきれいだった。
- BさんのLEDライトの光らせ方がいろいろな色を使っていて美しかった。
- 暗くしてみんなの作品を見ると大きさや、色、光らせ方が違うので、教室の中がカラフルで本当にファンタジーの世界のようでした。

指導のポイント

- micro:bitをプログラムするためには、Microsoft MakeCodeまたはPythonのコードエディターを読み込むためのインターネットにアクセスできるタブレット端末が必要である。
- 作品についてまとめる際には明るい場所、暗い場所で写真を撮影したり、光っている様子を動画で撮影したりするよう指導する。
- 予め簡単なプログラムを配布し、児童が自分のイメージに合わせて光らせ方を変えられるようにするとよい。

イルミネーションボードによりさまざまな色に光らせることができる

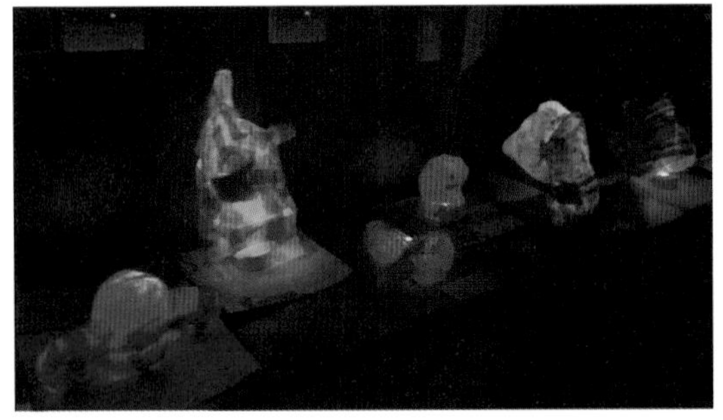

展示している様子

comic

スイッチは切りましょう

何かが起こると成長する花を描こう

4 学年　3 時間

題材名
さきほこれ！ マイ・フラワー［絵］

ICT・プログラミング活用のねらい

誰も見たことも聞いたこともない不思議な花を、形や色の感じを捉えながら、表し方を工夫してViscuitで絵に表す。Viscuitはメガネという仕組みを組み合わせることで複雑なプログラムを組むことができる。二つの絵が合わさることで新たな絵が生まれる仕組みや「ミラクルたまご」（p.23-26）で学んだ触ったら変化する仕組みを使って、芽が出たり、花が咲いたり、花が散ってまた種が生まれたりする、アナログでは表現することができない動きをViscuitで描くことで表現する。

使用教材、準備するもの

Viscuitを使用することができるタブレット端末、タッチペン（ない場合は指で描く）、プロジェクターまたはモニター、イメージマップやアイデアスケッチを描くためのワークシート

題材について

本題材は何かが起こると成長して咲き誇る不思議な花を考え、描く題材である。

晴れる、雨が降る、風が吹く、妖精が魔法をかけるなど何らかの現象が起きることで成長する花を考え、Viscuitで表現する。

何かが起こると成長する花を描こう

さきほこれ！ マイ・フラワー

評価規準

知	知識	Viscuitで何かが起こると成長する不思議な花を描く活動を通して、形や色、それらの組み合わせによる感じなどがわかっている。
	技能	自分の描きたい表現に合わせて表し方を工夫している。
思	発想	形や色の組み合わせによる感じから想像を広げ、自分の描きたい不思議な花をどのように表すかについて考えている。
	鑑賞	自分や友達の作品の造形的なよさや面白さ、いろいろな表し方などについて感じ取り、自分の見方や感じ方を広げている。
態		Viscuitで不思議な花を描いたり、鑑賞したりする学習活動に進んで取り組もうとしている。

授業計画

授業計画	児童の活動	教師の支援
導入 20分	●Viscuitの既習事項を確認する。「スイミーが見たセカイ」(p.19-22)、「ミラクルたまご」(p.23-26) 参照。 ●誰も見たことも聞いたこともない花を考えながら、イメージマップやアイデアスケッチを描く。 児童のイメージマップ ●自分たちの考えを発表し合う。 ●二つ以上の絵を組み合わせて新たな絵が現れる方法を知る。	●事前にViscuitのURLを配布する準備をしておき、すぐに児童に共有できるようにする。 ●Viscuitの既習事項をプロジェクターで映したり、板書したりしておく。 ●児童のアイデアをプロジェクターで映したり、板書したりして視覚化する。 ●Viscuitの基本的な操作を投影しておく。 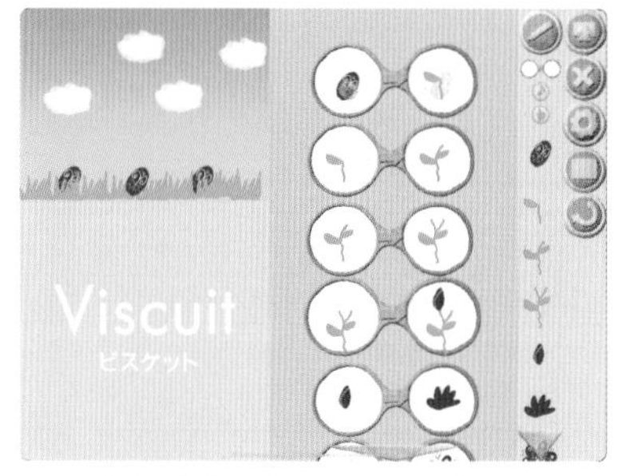 教師が説明するために用意した画面

授業計画	児童の活動	教師の支援
展開 70分	●不思議な花を工夫して描く。 ●不思議な花のイメージに合わせて他のものも描く。 花のまわりのものも描いている	●活動中の様子を写真や動画で記録しておく。 児童の作品
まとめ 30分	●自分の作品のQRコードとスクリーンショットを提出する。 ●作品をタブレット端末に表示して机上に置き、作品に触ったり、見たりして相互鑑賞をする。	●花の形や色、花がどのように成長するかに着目させる。 鑑賞の様子
ふりかえり 15分	●ワークシートやタブレット端末などを活用し、ふりかえりをまとめる。	●ふりかえりの内容はその場で発表したり、後日共有したりする。 ●「ミラクルたまご」(p.23-26) と同様に、クレヨンやパス、絵の具を使用して描いた作品がある場合はともに展示する。

児童の感想

- 雲を触ると雲が動き出して雨が降り、その雨が種に当たると芽が出てレインボーの花が咲くようにした。
- 種を水色から紫色のグラデーションで描いた。花びらの色も種と同じようなグラデーションで描き、美しい花を描くことができた。

指導のポイント

- 「ミラクルたまご」(p.23-26) と同様、絵の具やクレヨン、パスなどで描いた作品が動くとどうなるかを考えて実施してもよい。

絵の具やクレヨン、パスで描いた作品

- 左側のメガネのレンズに2種類の絵を入れ、右側のメガネのレンズに違う絵を入れることにより、絵と絵がぶつかると新たな絵が出現するプログラムを組むことができる。
- 第2学年で学んだ「触ると変化する」プログラムを組んでもよい。

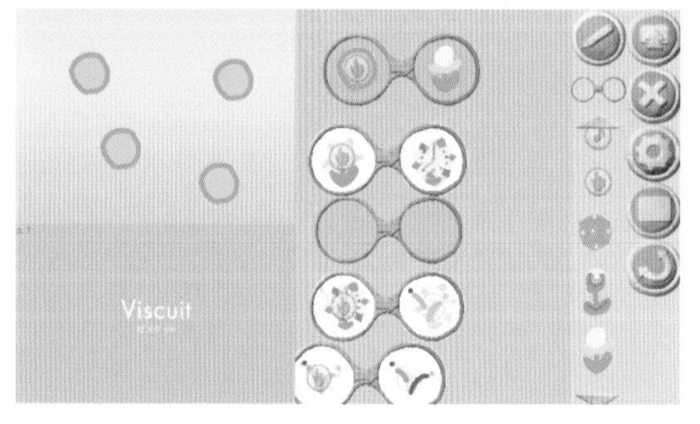

触るたびに花が成長するようにプログラムされている

comic

押すなよ〜絶対に押すなよ〜

Spheroを動かしてたのしいパレードをしよう

4 学年　5 時間

題材名

Let's parade!［工作］

ICT・プログラミング活用のねらい

Spheroの力で動く仕組みから表したいものを考え、形や色などの感じを捉えながら、材料や用具の使い方を工夫して、たのしくパレードができるものをつくる。

ゴムや風の力で動かすのではなく、Spheroで動かすことにより作品どうしを連結させたり、重量のある材料を使用しても動かしたりすることができる。また、思い通りに動かすことができるため、その動きからイメージを広げることもできる。他にも、LEDライト、サウンド、センサーなどの機能もあるため、発達段階に応じて複雑なプログラムを組んで動かすことも可能である。

使用教材、準備するもの

Sphero、Sphero Eduのアプリケーション、Sphero Eduのアプリケーション対応のタブレット端末(推奨端末iOS)、空き箱、紙皿、紙コップ、ペットボトルキャップ、片面段ボール、竹ひご、ストロー、モール、凧糸、はさみ、カッターナイフ、カッターマット、きり、木工用接着剤、セロハンテープ

題材について

Spheroは「プログラム」「ドライブ」の機能を使って思い通りに動かすことができるボール型のロボットである。このSpheroを動力としてパレードで動かしたいものをつくり、パレードを行い鑑賞する。

作品をつくる時間が4時間、パレードを行い相互鑑賞する時間を1時間で実施する。

Sphero を動かしてたのしいパレードをしよう

Let's parade!

評価規準

知	知識	Spheroを動かしてパレードさせたいものをつくる活動を通して、形や色、それらの組み合わせによる感じなどがわかっている。
	技能	パレードさせるものに使う材料とSpheroを組み合わせながら、表したい表現に合わせて表し方を工夫している。
思	発想	Spheroが動く様子から想像を広げ、形や色、動き方などを生かしながら、どのように表すかについて考えている。
	鑑賞	自分や友達の作品を動かしながら、造形的なよさや面白さ、いろいろな表し方などについて感じ取り、自分の見方や感じ方を広げている。
態		Spheroを動かしてたのしくパレードを行う学習活動に進んで取り組もうとしている。

授業計画

授業計画	児童の活動	教師の支援
導入 20分	● Spheroを自由に動かしてみる。 ● Spheroを使って作品を動かしてパレードを行うことを知る。 Sphero を充電している様子 ● パレードでどのようなものを動かすか考える。	● 事前にタブレット端末にSpheroのアプリをダウンロードしておく。 ● Spheroと操作するタブレット端末が混同しないようにナンバリングをしておく。 ● 児童がSpheroを実際に触って試す時間を確保する。 ● 紙コップや空き箱の中にSpheroを隠しておき、導入時に急に動かし、児童の関心・意欲を高める。 ● 児童のアイデアをプロジェクターで映したり、板書したりして視覚化する。

授業計画	児童の活動	教師の支援
展開 180分	●パレードで動かしたいものをつくる。 ●Spheroを作品の中に入れて動かして試す。 ●イメージに合わせてつくり、つくりかえる。 廊下で動かして試している様子	●身近な材料を豊富に用意しておく。 ●つくる場所とSpheroを動かして試す場所を確保する。
まとめ 15分	●パレードを行って相互鑑賞する。 ① 工夫したところを紹介する。 ② Spheroで作品を動かす。 ●友達がつくった作品のよさを発表する。	●パレードのコースやスペースを設けておく。 ●Spheroの動きに合わせて形や色を工夫してつくることができているか着目させる。 パレードを行っている様子
ふりかえり 10分	●ワークシートやタブレット端末などを活用し、ふりかえる。	●ふりかえりの内容はその場で発表したり、後日共有したりする。

児童の感想

- 1階建て、2階建て、3階建ての家をつなげてキャンピングカーのような乗り物をつくって動かすことができた。
- くるくる回転する動きが面白かったから、UFOをつくった。Spheroが光るから紙皿に穴を開けて光が見えるように工夫した。
- 友達の作品とつなげても動くのが面白かった。

指導のポイント

- SpheroにはSphero BOLT、Sphero SPRK、Sphero Mini、Sphero RVRなどさまざまなロボットがある。本事例ではSphero BOLTを使用している。
- SpheroはiOS、Android、Kindle、Chrome、Mac OSの端末で使用することが可能である。
- アプリをインストールするとアカウント作成画面が表示されるが「ゲストのまま続ける」を選択するとアカウントを作成せずにアプリを利用することができる。
- バッテリーは時間が経過すると放電するため、授業前日に充電しておく。
- フル充電には約3時間かかり、その後は約1時間動かすことができる。稼働時間を想定して計画的に授業を実施する。
- 防水性があるため、水の上に浮かべてパレードを行うことも可能である。

作品を動かして、つくりかえている様子

友達の作品と連結して動かしている様子

comic

プログラミングで動かすと…

mBotで思い通りに動かすことができる夢の車をつくろう

4 学年　5 時間

題材名

夢の車でレッツゴー！［工作］

ICT・プログラミング活用のねらい

mBotはプログラミングやドライブ、ドロー機能などを使って思い通りに動かすことができる車型のロボットである。児童の実態に合わせた動かし方を選ぶことができる。

あったらいいなと思う夢の車をつくり、実際にその車をmBotで動かすことからイメージを膨らませ、工夫して夢の車をつくることができる。

使用教材、準備するもの

mBot、mBotのアプリをダウンロードしたタブレット端末、単三電池、mBotより一回り大きい箱、画用紙、色画用紙、ストロー、モール、割りばし、のり、はさみ、セロハンテープ

題材について

本題材はmBotを動力として夢の車を動かすことで、その動きからイメージを膨らませたり、つくり、つくりかえたりすることで、より発想が広がる題材である。

4時間で夢の車をつくり、最後の1時間で作品を動かしながら互いの夢の車のよさや面白さを伝え合う。

展開

mBot で思い通りに動かすことができる夢の車をつくろう

夢の車でレッツゴー！

評価規準

知	知識	mBotを動かしたり、色画用紙などを組み合わせて夢の車をつくったりする活動を通して、形や色、それらと動きの組み合わせによる感じがわかっている。
	技能	色画用紙などの材料とm Botを組み合わせながら、表したい夢の車に合わせて表し方を工夫している。
思	発想	mBotが動く様子から想像を広げ、形や色、動き方などを生かしながら、どのように表すかについて考えている。
	鑑賞	自分や友達の作品の造形的なよさや面白さ、いろいろな表し方などについて感じ取り、自分の見方や感じ方を広げている。
態		夢の車をつくったり、動かして鑑賞したりする学習活動に進んで取り組もうとしている。

授業計画

授業計画	児童の活動	教師の支援
導入 7分	● m Botで思い通りに動かすことができる車をつくることを知る。 ● m Botを動かしてどんな夢の車をつくるか考える。  m Botを動かして試している様子 ● どんな夢の車をつくることができそうか発表し合う。	● m Botのアプリをインストールしておく。 ● あらかじめ箱の中にm Botを仕込んでおき、箱を突然動かすことで児童の興味・関心を高める。  ドライブ機能で操縦することができる ● 児童の考えを板書やスクリーンを使って提示し、視覚化する。

授業計画	児童の活動	教師の支援
展開 173分	● 色画用紙や身近な材料を組み合わせながら、工夫して夢の車をつくる。 ● 作品を動かしてイメージ通りの表現になっているか試す。	● 図工室の中央に材料置き場を設置しておく。 ● 作品をつくる場所、m Botで作品を動かす場所を設定し、安全を確保する。 ● 自分の夢の車のイメージに合わせて、形や色、動きを工夫するよう伝える。
まとめ 30分	● 自分たちの夢の車を動かして鑑賞する。 鑑賞している様子	● mBotを自由に動かして鑑賞できるよう広い場所を確保する。
ふりかえり 15分	● ワークシートやタブレット端末などを活用し、ふりかえる。	● ふりかえりの内容はその場で発表したり、後日共有したりする。

児童の感想

- 犬の形の車だから、しっぽを振るように左右に動いてから直進して、最後には喜んで回転しているみたいに動くようにした。
- Aさんの車の上には荷物置き場があって、その中に文房具を入れて本当に運べるようにつくっていたのがすごかった。

指導のポイント

- mBotを動かす際には。安全な場所で動かすように指導する。机の上で動かすと落下する可能性があるため、動かしたい場合は床で動かすように指導する。
- プログラミングで動きをプログラムすることができるため、夢の車のイメージに合わせてプログラミングさせてもよい。

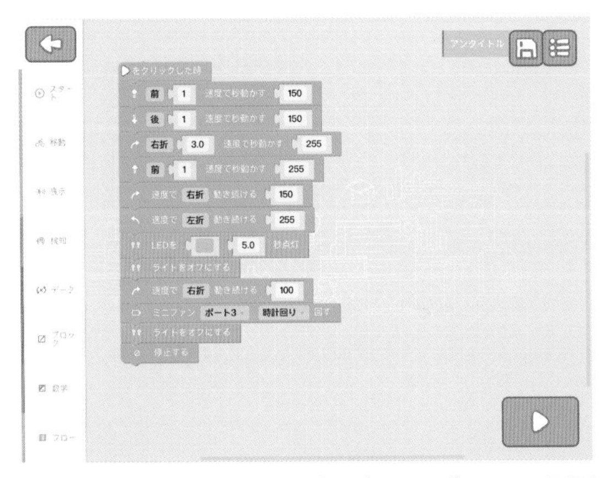

プログラミングしている画面

- mBotで作品を動かし、さらにそこからイメージを膨らませて、つくり、つくりかえ、つくることができるよう、つくる場所と動きを試す場所を十分に確保する。

展覧会では作品を動かして紹介できるようにした

comic

英語でも動く!?

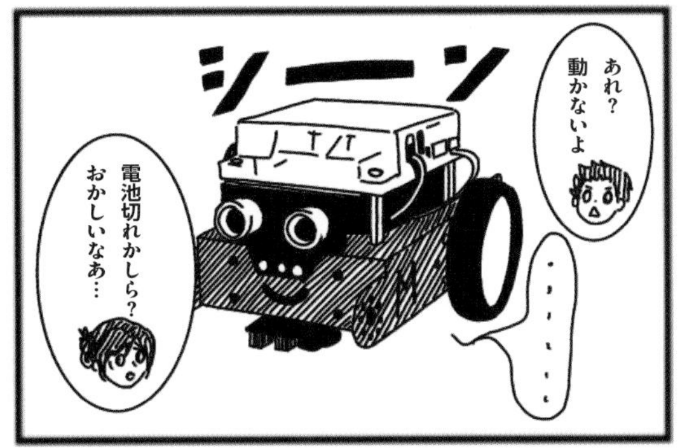

オクリンクで自分の作品のよさを伝え合おう

4 学年　6 時間

題材名

いろいろコレクション［絵・鑑賞］

ICT・プログラミング活用のねらい

ミライシードのオクリンクは発表資料・ノート制作に役立つ学習支援ソフトである。本題材では途中観賞と最後のまとめの鑑賞の際にこのオクリンクを使って作品についてまとめて紹介し合うことで、自分や友達の作品のよさや面白さを伝え合うことができる。

使用教材、準備するもの

ミライシードのオクリンクを使用することができるタブレット端末、5～7㎝四方に切った画用紙、不透明水彩絵の具、筆、筆洗、パレット、歯ブラシ、ビー玉、片面段ボール、ストロー、刷毛、黄ボール紙、ステープラー、はさみ、液体のり

題材について

本題材は、小さな正方形の画用紙に絵の具でさまざまな模様をつくり、その模様を生かして自分の好きなものを表したコレクションをつくる題材である。

途中鑑賞では、模様の画用紙をオクリンクで写真撮影し、題名をつけてスライドショーをつくり、クイズを出し合うなどして鑑賞する。

その後、模様を生かしながら画用紙をはさみで切って組み合わせることでコレクションをつくり、最後のまとめでそのよさや面白さについて紹介し合う。

オクリンクを使った
授業の始め方

展開

オクリンクで自分の作品のよさを伝え合おう

いろいろコレクション

評価規準

知	知識	絵の具で模様をつくったり、その模様からコレクションをつくって、作品について伝え合ったりする活動を通して、形や色、それらの組み合わせによる感じなどがわかっている。
	技能	モダンテクニックなどの技法や、水彩絵の具についてのこれまでの経験を生かしながら、表したい表現に合わせて表し方を工夫している。
思	発想	絵の具で表現した模様の形や色などの感じから想像を広げ、どのようにコレクションを表すかについて考えている。
	鑑賞	自分や友達のコレクションの造形的なよさや面白さ、いろいろな表し方などについて感じ取り、自分の見方や感じ方を広げている。
態		絵の具で模様をつくったり、その模様からコレクションをつくって、オクリンクで友達と作品について伝え合ったりする学習活動に進んで取り組もうとしている。

授業計画

授業計画	児童の活動	教師の支援
導入 5分	● 絵の具を使って正方形の画用紙を変身させることを知る。	● スパッタリング、デカルコマニー、ドリッピングなどのモダンテクニックを紹介する。
展開1 130分	● 正方形の画用紙に絵の具でさまざまなことを試してオリジナルの色画用紙をつくる。 ● オクリンクで自分のつくった色画用紙を紹介し合う。 1　カードの１枚目に作品の写真を入れる。 2　カードの２枚目に題名を入れる。 3　カードをつなげて提出BOXに提出する。 4　提出BOXに提出された友達のカードを見て鑑賞する。	● 歯ブラシ、ビー玉、片面段ボール、ストロー、刷毛などいつでも使うことができるように用具置き場に置いておく。 ● 作品をまとめるカードを配布する。

授業計画	児童の活動	教師の支援
	カードの１枚目	鑑賞している様子
展開2 90分	●つくった色画用紙を組み合わせて、自分の好きなものを表したコレクションをつくる。	
まとめ 30分	●自分のつくったコレクションについてまとめる。 1　１枚目のカードにコレクションの全体の写真を入れる。 2　２枚目のカードに特に工夫したところの写真を入れる。 3　３枚目のカードに工夫したところを記入する。	●提出BOXを切り替える。 ●作品をまとめるカードを配布する。 写真１ 完成した作品の写真も入れたカード
ふりかえり 15分	●友達の作品を見て感じたことをオクリンクのカードにまとめ、提出BOXに提出する。	●ふりかえりの内容はその場で発表させたり、後日共有したりする。

児童の感想

- Aくんの作品がすごいと思う。色が淡い色で、さらにだんだんと色が変わっていっているところが美しいと思った。
- Bさんの作品は、ビー玉でできた模様を生かして蝶々をつくっていたのがすごかった。
- 違う色の画用紙を切って花びらをつくって組み合わせることで伝説の花をつくることができた。

指導のポイント

- 絵の具や筆洗を使用する際にはタブレット端末はしまっておくよう指導する。
- オクリンクの提出BOXは児童の様子を見て提出BOXの種類を変更する。
- 実際の作品もよく見て鑑賞するよう指導する。

1枚目のカードにコレクション全体の写真

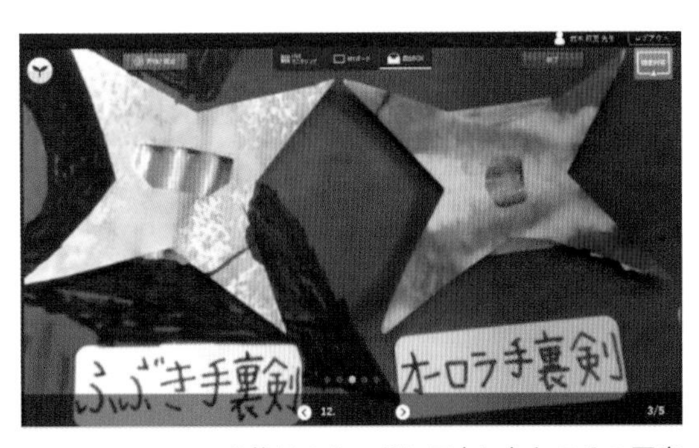

2枚目のカードに工夫したところの写真

裏剣・クナイ（忍具）を大きさを、全部ちがくしました。
どうしてかというと、様々な大きさの忍具にしたほうが、見るほうが楽しめると思ったからです。
周りに、夜空の星を書きました。
どうしてかというと、明るくしたら、見る人が明るくなると思ったからです。
手裏剣のがらを下に書きました。
どうしてかというと、手裏剣（忍具）をコレクションにしているからです。

3枚目のカードに工夫したところをまとめる

comic

同じ作品を見ても…

ムーブノートを使って作品を見つけよう

4 学年　2 時間

題材名

小さなすみか［工作・鑑賞］

ICT・プログラミング活用のねらい

　木材を組み合わせながら表した小さなすみかをミライシードのムーブノートを活用して鑑賞する。

　ムーブノートには、コメント、スタンプ、他学年と授業をするなどの機能がある。コメント機能は、児童どうしが互いの作品についてコメントをつけることができる。これにより、互いの思いを伝え合うことができる。また、スタンプ機能を使って校庭のマップにスタンプを押して自分の作品を展示した場所を伝え、他学年と授業をする機能を使って招待することで、さまざまな学年に鑑賞してもらうことができる。

使用教材、準備するもの

　ミライシードのムーブノートを使用することができるタブレット端末、ムーブノートのワークシート、木材でつくった作品

題材について

　本題材は、自分がつくった小さなすみかを校庭の木の幹の近くや花壇など作品のイメージに合う場所に展示し、タブレット端末でその写真を撮影する。

　ムーブノートを使って、校庭のマップに撮影した写真のスタンプを押して作品を展示した場所や工夫したところをまとめたり、相互鑑賞して感じたことをコメントで伝え合ったりする題材である。

展開

ムーブノートを使って作品を見つけよう

小さなすみか

評価規準

知	知識	小さなすみかの作品を校庭に展示して撮影し、ムーブノートを使って鑑賞する活動を通して、作品の形や色、それらと場所の組み合わせによる感じなどがわかっている。
	技能	小さなすみかのイメージをもとに展示する場所や撮影のしかたを工夫している。
思	発想	小さなすみかの形や色などの感じから想像を広げ、表したいことに合わせて、どのように表すかや、どこに展示するかについて考えている。
	鑑賞	自分や友達の作品と設置場所との組み合わせなどから造形的なよさや面白さ、いろいろな表し方などについて感じ取り、自分の見方や感じ方を広げている。
態		ムーブノートを使って小さなすみかを鑑賞する学習活動に進んで取り組もうとしている。

授業計画

授業計画	児童の活動	教師の支援
導入 7分	●小さなすみかの作品を校庭に展示して鑑賞することを知る。 ●作品を展示したい場所を発表し合う。	●花壇や畑の中、木の根や池の近く、切り株の上など周囲の環境に着目させる。 置いた作品がどう見えるか確認している様子
展開 38分	●自分の作品を校庭のさまざまな場所に置いて写真を撮影する。 ●自分の作品のイメージに合う場所を決めて写真撮影をし、そのまま展示する。	●作品を展示する際には作品が落下しないように注意するよう伝える。 ●写真がぶれないように気をつけて撮影するよう指導する。 ●活動の様子を写真や動画で撮影する。

授業計画	児童の活動	教師の支援
	作品を置いている様子	展示されている様子
まとめ 30分	● ムーブノートで作品のまとめを行い、相互鑑賞する。 1　マップのカードに自分の作品の写真のスタンプを押して一つ目の広場に送る。 2　作品の紹介カードに自分の作品の写真と工夫したところをまとめて二つ目の広場に送る。 3　広場に送られたカードをもとに展示されている作品を探し、相互鑑賞する。 4　ムーブノートのコメント機能を使って互いの作品のよいところを伝え合ったり、拍手を送り合ったりする。 ムーブノートの使い方	● 事前にマップのカード、作品の紹介カード、ふりかえりカードを用意し、ムーブノートの授業を開始しておく。 ● 他学年の児童も授業に招待し、閲覧できるようにする。 ムーブノートのマップに児童の作品の写真のスタンプが押されている様子
ふりかえり 15分	● ムーブノートのふりかえりカードに感じたことをまとめて三つ目の広場に送る。	● ふりかえりの内容はその場で発表したり、他学年の児童が鑑賞している姿や感想を後日共有したりする。

児童の感想

- 動物が住んでいて野菜を育てることができるすみかをつくったので、校庭の畑の中に作品を入れて撮影したらイメージぴったりだった。
- 池の近くに作品を置いて、海の近くに建っているイメージにした。
- Ａさんの作品が切り株の上に置いてあってツリーハウスみたいだった。

指導のポイント

- ムーブノートのマップをもとに作品を探し、見つけた作品をじっくり鑑賞するよう指導する。
- ムーブノートのカメラ機能で撮影をすることも可能だが、タブレット端末の純正のカメラ機能を使用する方が画質がよいため、純正のカメラ機能を使用するとよい。
- ムーブノートのコメント機能を使用して、お互いに感じたことを伝え合うようにするとよい。

休み時間に他の学年の児童がムーブノートのマップを見て作品を探して鑑賞している様子

ムーブノートを見ることで作品を見つける

comic

他の学校とも!?

レーザーカッターで飛び出して見える版画をつくろう

4 学年　9 時間

題材名

とび出せ！3D版画［絵（版画）］

ICT・プログラミング活用のねらい

本題材では、描いた絵をスキャンしてその絵の通りに切ることができるMakeblockのLaserboxというレーザーカッターを使用して版木を切る。電動糸のこぎりだと切ることが難しい形も、レーザーカッターを使うことで描いた通りの形を切ることができる。

描いた通りに美しく切り抜くことができるため、切り取った部分を彫って2色のインクを使って飛び出して見えるように刷ったり、切り取った部分と背景の板を別の色のインクで刷ったりしてさまざまな刷り方をたのしむことができる。

使用教材、準備するもの

版木、彫刻刀、Laserbox、版画用紙、版画用具一式、ペン、トレーシングペーパー、マスキングテープ、赤色と青色のカラーセロファン、板目紙か工作用紙、カッターナイフ、カッターマット、はさみ、のり、輪ゴム

題材について

本題材は版木をレーザーカッターで切り取り、それを彫刻刀で彫って、刷る際に赤色と青色のインクで版をずらして刷ることにより、３Dメガネをかけて鑑賞すると作品が飛び出して見える題材である。

1時間でアイデアスケッチをしてレーザーカッターで版木を切り、4時間で彫刻刀で版木を彫り、2時間で刷り、1時間で3Dメガネをつくり、1時間で鑑賞をする。

Laserbox の使い方

レーザーカッターで飛び出して見える版画をつくろう

とび出せ！ 3D版画

評価規準

知	知識	レーザーカッターで切った版木を彫刻刀で彫ったり、飛び出して見えるようにインクで刷ったりする活動を通して、版から生み出される形やその見え方などの感じがわかっている。
	技能	飛び出させたい生き物の形や表現に合わせて彫り方や刷り方を工夫している。
思	発想	レーザーカッターで切り取った形の感じから想像を広げ、形を生かしながら、表したい生き物をどのように表すかについて考えている。
	鑑賞	自分や友達の作品の造形的なよさや面白さ、いろいろな表し方などについて感じ取り、自分の見方や感じ方を広げている。
態		飛び出して見える版画をつくったり、鑑賞したりする学習活動に進んで取り組もうとしている。

授業計画

授業計画	児童の活動	教師の支援
導入 7分	● 生き物の形をレーザーカッターで切り、それを彫刻刀で彫ることを知る。 ● ペンで生き物を描く。 ● レーザーカッターで生き物のアウトラインを切る。	● レーザーカッターで切る生き物の形のアウトラインをペンではっきりとなぞるよう指導する。
展開 353分	● 彫る部分を決める。	レーザーカッターで切り取った版木 ● 彫刻刀は必ず両手で持つように指導する。

授業計画	児童の活動	教師の支援
	●彫刻刀で生き物や背景の部分を彫る。  ●赤色と青色のインクで版をずらして刷る。 ●生き物の部分と背景の部分を組み合わせてさまざまな刷り方を試す。 ●カラーセロファン、板目紙や工作用紙を使って３Ｄメガネをつくる。	●レーザーカッターで切り取った生き物は、必ず版木にはめて裏からマスキングテープで固定して彫るように指導する。  同じ版を使ってさまざまな刷り方ができる
まとめ 30分	●自分の作品についてまとめる。 ●３Ｄメガネをかけて相互鑑賞する。 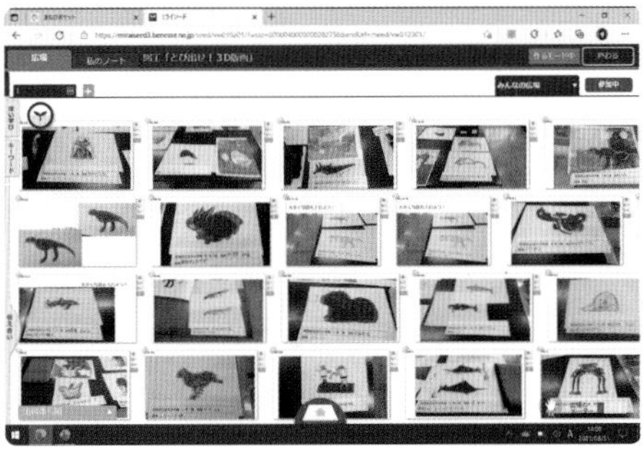 ムーブノートで作品についてまとめている様子	●刷る際のずらし方によって飛び出して見える距離が変わることを伝える。  作品を鑑賞している様子
ふりかえり 15分	●ワークシートやタブレット端末などを活用し、ふりかえる。	●ふりかえりの内容はその場で発表したり、後日共有したりする。

児童の感想

- 刷るときにずらし方を変えたら、飛び出して見える距離が変わって面白かった。
- Ａさんの作品が恐竜の部分が黒色で、背景の部分がカラフルな色で刷られていたのでより恐竜が目立っていてよかった。

指導のポイント

- Laserboxを使用する際は十分に換気をする。
- Laserboxは安全なため児童だけでも使用することができるが、使用している際は必ず教師がその様子を確認できるようにする。
- 彫刻刀で版木を彫る際には、切り取った部分をパズルのようにはめてマスキングテープで固定してから彫るよう指導する。
- 飛び出して見える版を刷る際には、先に赤色で刷り、次に青色で刷ることで、より飛び出して見える。
- 飛び出して見えない版を刷る際の色の組み合わせや刷り方は児童に委ねる。
- 作品を展示する際には３Ｄメガネとともに展示する。

カラーセロファンと工作用紙でつくった3Dメガネ

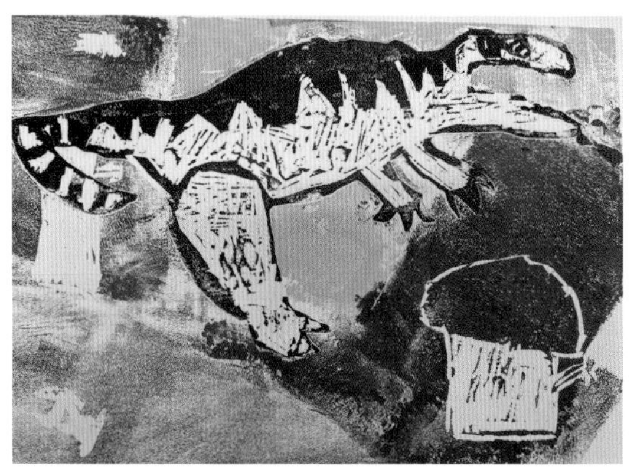

他の刷り方を試した作品

展覧会で展示している様子

comic

見る人を見てたのしむ

MESHを使って面白いビー玉迷路をつくろう

5 学年　4～6 時間

題材名

ビー玉の冒険［工作］

ICT・プログラミング活用のねらい

身近な材料とMESHの機能を組み合わせて、図工室や教室に面白いビー玉迷路をつくる。アンプラグドとプラグドの仕組みを組み合わせることで、面白いしかけのコースをつくることができる。

使用教材、準備するもの

MESH、タブレット端末（推奨端末iPad）、MESHブリッジ（Bluetooth対応の端末ではない場合）、ビー玉、芯材、片面段ボール、画用紙、身近な材料、セロハンテープ、養生テープ、はさみ

題材について

MESHとは、可能性が詰まったIoTブロックである。LED、ボタン、人感、動き、明るさなどの機能ごとに用意されたブロックを組み合わせて、さまざまなプロジェクトを実現させせることができる。ブロックと無線でつなげ、タブレット端末上でプログラムする。

ビー玉迷路に、MESHを取り入れることで、アナログだけでは表現できないしかけのコースをつくることができる。

ブロックの種類は、LED、ボタン、人感、動き、明るさ、GPIOがある。タブレット端末の機能では、カメラ、マイク、スピーカーなどがある。

MESHアプリからIFTTTにつなげば、LINE、Facebookなど、さまざまなWEBサービスも使用できる。また、GPIOブロックを使用すれば、モーターやセンサーなどの電子パーツを制御することも可能である。児童の実態や環境に合わせて、ブロックを変更したり、WEBサービスを取り入れたりすることで、活動の幅を広げられる。

MESHを試す時間、迷路をつくる時間、ビー玉を転がして鑑賞する時間、合計4～6時間を確保する。

MESH を使って面白いビー玉迷路をつくろう

ビー玉の冒険

評価規準

知	知識	コースのしかけにMESHの機能を使ったビー玉迷路をつくる活動を通して、ものの動きやバランス、プログラムなどを理解している。
	技能	MESHの機能を活用したり、表現に適した材料を組み合わせたりするなどして、表したいことに合わせて表し方を工夫している。
思	発想	動きや、バランス、ビー玉の転がり方や、MESHの機能などから想像を広げ、表したいことをどのように表すかについて考えている。
	鑑賞	自分たちや他のグループの友達がつくったビー玉迷路の造形的なよさや面白さ、いろいろな表し方などについて感じ取り、自分の見方や感じ方を深めている。
態		友達と力を合わせてMESHの機能を組み合わせたビー玉迷路をつくる学習活動に主体的に取り組もうとしている。

授業計画

授業計画	児童の活動	教師の支援
導入 30分	● 既習事項の確認として、第4学年で学んだビー玉迷路（個人作品）をふりかえる。	● 事前にタブレット端末1台に対して1セットのMESHをペアリングしておく。MESHのアプリケーションまたはブラウザを起動させてペアリングをしておく。 ● 他のグループの端末やMESHと混同しないようにナンバリングをしておく。 ● 電源の入れ方、プログラミングのしかたなどの基本的な操作のみを確認する。 ● 児童がMESHを実際に触って試す時間を確保する。 ● 4人前後のグループをつくっておく。 MESH の使い方

授業計画	児童の活動	教師の支援
	● MESHを実際に触ってみて、どのようなビー玉迷路ができそうかグループで考える。 ● 自分たちのグループで考えたアイデアを発表し、共有する。	● 児童のアイデアをプロジェクターで映したり、板書したりして視覚化する。
展開 105〜195分	● 友達と協力して、教室の環境を生かしてビー玉が転がる迷路をつくる。 ● 迷路にMESHの機能を組み合わせて、さまざまなしかけのコースをつくっていく。	● 芯材、紙皿、紙コップ、段ボールなどの身近な材料をいつでも使えるようにしておく。
まとめ 30分	● 実際にビー玉を転がして相互鑑賞する。 ● グループを二つに分け、前半後半で時間を分けて作品を鑑賞する。自分が鑑賞していないときは、他のグループの友達に自分たちの作品について説明する。 ● 自分たちや他のグループの友達がつくった作品のよさを発表する。	● コースのしかけの面白さに着目して鑑賞するよう指導する。
ふりかえり 15分	● ワークシートやタブレット端末などを活用し、自分たちの活動をふりかえる。 ● 片づけをする。	● ふりかえりの内容はその場で発表したり、後日共有したりする。

児童の感想

- ゴールの旗にビー玉が当たったら「おめでとう！」と音声が流れてうれしかった。
- 明るさセンサーを反応させるために、ビー玉が当たると画用紙が倒れて明るさが変わるように工夫した。
- トンネルの中に人感センサーが隠してあったのが面白かった。
- 当たりとはずれのコースが分かれていて、当たりのコースに行くとLEDライトが光るようにした。

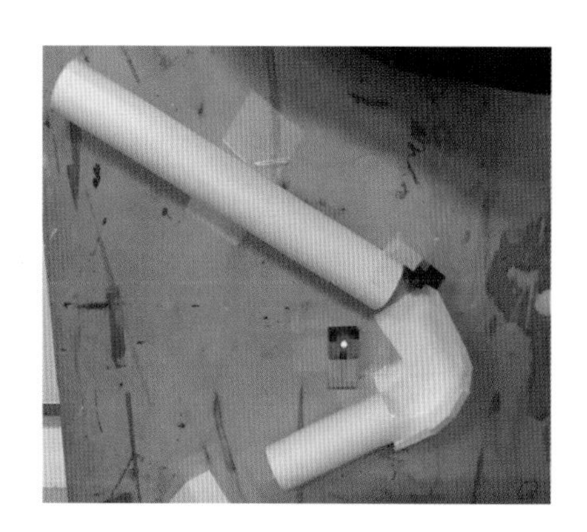

指導のポイント

- MESHを手渡す際には、簡単な説明のみを行い、児童が自分たちで考えて試す時間を十分に確保する。
- タブレット端末とMESHを充電しておいたり、ペアリングしておいたりするなどの事前準備が必要である
- 推奨端末はiPadまたはWindowsであるがWindows10 60bit版、Windows8.1 32bit版/64bit版、Windows7 32bit版/64bit版の端末はMESHブリッジを使用すればMESHを使うことが可能である。
- 本題材は、アナログとデジタル（プログラミング）を掛け合わせることで、児童たちの表現の幅を広げることができる。
- MESHは直感的にプログラムすることができるため、児童は思い通りのしかけを表現しやすい。
- 児童一人一人の活動を評価するために、活動中は動画で児童の活動の様子を記録したり、ふりかえりカードを書かせたりするなどするとよい。
- それぞれのグループで工夫したところを各自のタブレット端末で撮影して記録に残しておくことも効果的である。

展覧会での展示風景

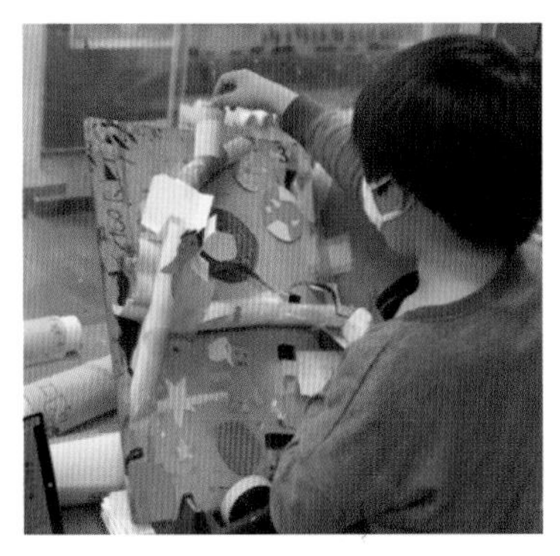

他の学年の児童が遊んでいる様子

comic

怪奇現象⁉ ペアリングにご注意を…

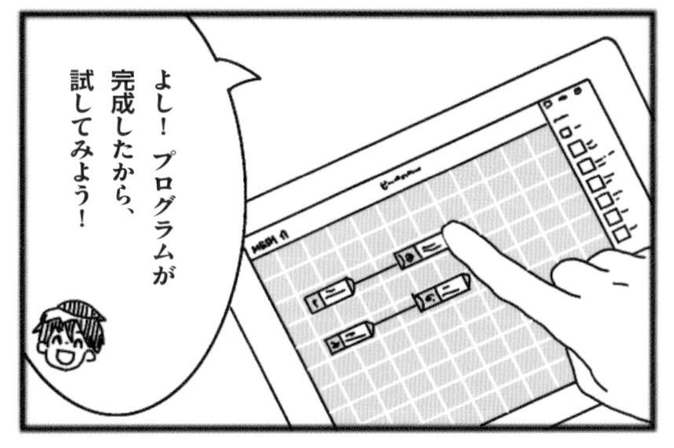

ロボットが冒険する未来の都市をつくろう

5 学年　4 時間

題材名

未来都市［工作］

ICT・プログラミング活用のねらい

Spheroはボール型のロボットであるため、Spheroの直径の幅のコースがあればトンネル、坂道、でこぼこした道などさまざまな場所を通り抜けることができる。一方で重さがあるため、立体的なコースをつくるには画用紙や身近な材料を組み合わせて丈夫につくらなければならない。これらの特徴から児童がこれまでに学んだことを生かして、工夫して未来都市をつくることができる。

使用教材、準備するもの

Sphero、Sphero Edu（アプリケーション）、タブレット端末（推奨端末iPad）、画用紙、色画用紙、画板、芯材、ペットボトルキャップ、割りばし、セロハンテープ、養生テープ、はさみ、カッターナイフ

題材について

Spheroはタブレット端末を使用して前後左右はもちろん、高低差がある場所でも自由自在に動かすことができる。曲がり角やカーブ、坂道など、さまざまなコースをつくってSpheroを冒険させる題材である。

Spheroはドライブ機能で動かしても、プログラムを組んで動かしてもよい。

4時間の中で作品を完成させ、Spheroを操作して鑑賞する。

ロボットが冒険する未来の都市をつくろう

未来都市

評価規準

知	知識	Spheroが冒険できる未来都市をつくる活動を通して、形や色、動き、バランスなどを理解している。
	技能	Spheroを活用したり、表現に適した材料を組み合わせたりするなどして、表したいことに合わせて表し方を工夫している。
思	発想	Spheroの動く様子や材料の形や色から想像を広げ、どのように未来都市を表すかについて考えている。
	鑑賞	自分たちや他のグループの友達の作品の造形的なよさや面白さ、いろいろな表し方などについて感じ取り、自分の見方や感じ方を深めている。
態		友達と力を合わせながら、画用紙と身近な材料でSpheroが冒険できる未来都市をつくる学習活動に主体的に取り組もうとしている。

授業計画

授業計画	児童の活動	教師の支援
導入 15分	● 「Let's parade!」(p.43-46)や「ビー玉の冒険」(p.63-66)、で学んだことをふりかえる。 ● Spheroが冒険する未来都市をどのようにつくるか考える。	● 事前の準備については「Let's parade!」(p.43-46)参照。 ● 4人前後のグループをつくっておく。 ● 1グループに1台のタブレット端末とSpheroを配布する。 ● 児童のアイデアをプロジェクターで映したり、板書したりして視覚化する。 ● 画用紙を折ったり丸めたりすることで丈夫な建物やコースをつくることができることを確認する。

授業計画	児童の活動	教師の支援
展開 140分	● グループの友達と協力して、Spheroが冒険できる未来都市をつくる。	● 画用紙や身近な材料を自由に選択して使うことができるようにしておく。 ● 活動が滞っているグループには他のグループの活動を鑑賞させたり、助言したりする。 ● Spheroの充電が切れた際には予備のSpheroを渡す。
まとめ 20分	● Spheroを動かして遊び、相互鑑賞をする。 ● グループを二つに分け、前半後半で時間を分けて作品を鑑賞する。自分が鑑賞していないときは、他のグループの友達に自分たちの作品について説明する。	
ふりかえり 5分	● 自分たちや他のグループの友達がつくった作品のよさを発表する。 ● 自分が工夫したところをワークシートやタブレット端末にまとめる。	● つくった作品は写真や動画で記録を撮っておき、後日掲示する。

児童の感想

- Aグループの未来都市が立体的で、螺旋階段のようなコースがあって面白かった。
- 未来だけれど、自然も残っていてほしいなという願いを込めて、植物がたくさんある都市をつくった。
- Spheroが通っても道が崩れないように画用紙を折ったり、曲げたり、重ねたりして、丈夫につくることができた。

未来のショッピングモールをイメージしてつくられた作品

指導のポイント

- Spheroの基本的な使い方については「Let's parade!」(p.43-46）を参照。本事例でもSphero BOLTを使用している。
- 「Let's parade!」や「ビー玉の冒険」、今までの画用紙を使った授業の経験を生かし、発展的な活動ができるよう支援する。
- Spheroはドライブとプログラムで動かすことができる。児童の実態に合わせてどちらを使うか選択する。
- ドライブを使えば、ラジコンのように直感的に動かすことができる。
- プログラムを使えば、複雑な動きを実現できる。特にイベントのブロックには「衝突時」「着地時」「自由落下時」「ジャイロマックス時」があり、Spheroの動きに合わせてさまざまな動きをプログラムすることができる。また、動作のブロックにはスピードやLEDライト、進む角度などを変えるブロックがあるため、複雑な動きも可能である。

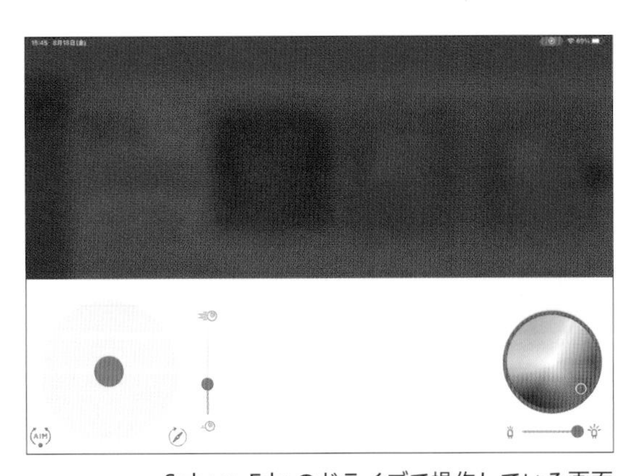

Sphero Edu のドライブで操作している画面

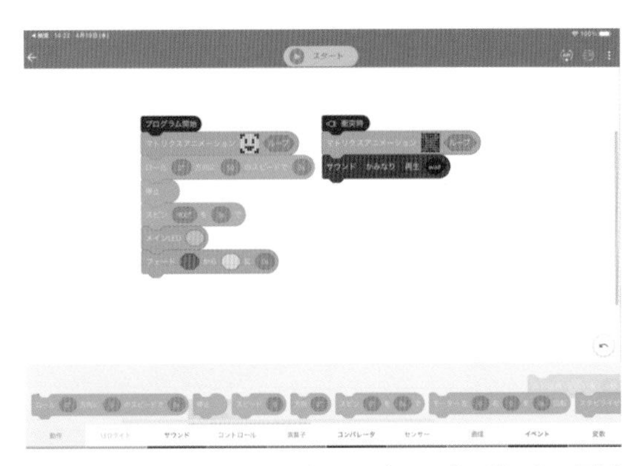

Sphero Edu のプログラムの画面

comic

Spheroで何ができる!?

SDGsの目標を達成させるロボットをつくろう

5 学年　9 時間

題材名

SDGsロボットコンテスト［工作］

ICT・プログラミング活用のねらい

プログラミング学習キットのKOOVを使って、SDGsの目標を達成させるためのロボットをグループで協力してつくる題材である。KOOVと段ボール、工作用紙や身近な材料などを組み合わせることでイメージに合わせたさまざまな形や動きのロボットをつくることができる。

使用教材、準備するもの

KOOVのブロックとアプリケーション、単三電池、KOOVをプログラミングできるタブレット端末、ポスターやプレゼンテーションの資料をつくるタブレット端末、画用紙、色画用紙、片面段ボール、紙皿、紙コップ、ストロー、モール、セロハンテープ、マスキングテープなど

題材について

KOOVとは、ブロックを組み合わせてロボットの形をつくり、タブレット端末でプログラミングしてロボットに動きを与えるロボットプログラミング学習キットである。

本題材では、総合的な学習の時間で学んだSDGsの目標を達成させるためのロボットをつくる。8時間でロボットをつくり、1時間で紹介し合う。

SDGsの目標を達成させるロボットをつくろう

SDGsロボットコンテスト

評価規準

知	知識	KOOVの機能を使ってSDGsの目標を達成させるロボットをつくる活動を通して、動きやバランス、プログラムなどを理解している。
	技能	表したいことや目的に合わせて、KOOVのブロックや身近な材料をつないだり組み合わせたりしながら、ロボットの形や色、仕組みを工夫している。
思	発想	動きや、バランス、KOOVの機能などから想像を広げ、社会的な問題について考えながら、どのようなロボットをつくるかについて考えている。
	鑑賞	自分たちや他のグループの友達がつくったロボットの造形的なよさや面白さ、いろいろな表し方などについて感じ取り、自分の見方や感じ方を深めている。
態		友達と力を合わせてKOOVの機能を使ったロボットをつくる学習活動に主体的に取り組もうとしている。

授業計画

授業計画	児童の活動	教師の支援
導入 20分	● 総合的な学習の時間で学んだSDGsについてふりかえる。 ● KOOV使ってSDGsの目標を達成させるロボットをつくることを知る。 ● どの目標を達成させるロボットをつくるか考え、グループをつくる。 ● KOOVでどんなロボットをつくることができるか試す。 プログラミングをしている画面	● 事前にタブレット端末にKOOVのアプリをインストールしておく。 ● KOOVのアカウントを発行し、児童に配布する。 ● プログラミングするタブレット端末とプログラムを転送するKOOVのコアが混同しないようにナンバリングをしておく。 ● KOOVのブロックや身近な材料を図工室の中央に配置し、自由に試すことができるようにする。 ● 児童のアイデアをプロジェクターで映したり、板書したりして視覚化する。

授業計画	児童の活動	教師の支援
展開 280分	● 友達と協力して、SDGsの目標を達成させるロボットをつくる。  回転する部分をつくっている様子	● 芯材、紙皿、紙コップ、段ボールなどの身近な材料を豊富に用意しておく。  ロボットとプログラミングをしている画面
まとめ 90分	● 自分たちのロボットのよさを伝えるプレゼンテーション用の資料やポスターをつくる。 ● グループごとにロボットのよさを発表する。  ロボットを動かして発表している様子	● 児童の実態に合わせてスライドやポスターを作成できるツールの使い方を紹介する。  Adobe Express でつくったポスター
ふりかえり 15分	● ワークシートやタブレットなどを活用し、ふりかえる。	● ふりかえりの内容はその場で発表したり、後日共有したりする。

児童の感想

- 「質の高い教育をみんなに」を達成させるロボットをつくった。回転とスウィングの動きを組み合わせてお絵描きロボットをつくった。
- 「ジェンダー平等を実現しよう」を達成させるためのロボットをつくった。左側が男性、右側が女性、そして中央とさまざまな人間を表している。その中の一人が勝手に動き出してしまうと倒れてしまうが、同時に動き出すと、ともに明るい未来に歩いて行ける姿をロボットで表現した。

指導のポイント

- KOOVアプリの対応デバイスはWindows10(64bit)以降、macOS 11以降、タブレット端末はiPadOS14が動作するiPad Air 2/iPad mini 4/iPad Pro/iPad(第5世代以降)である。
- KOOVを手渡す際には、簡単な説明のみ行い、児童が自分たちで考えて試す時間を十分に確保する。
- 児童の実態に合わせて事前にコアに簡単なプログラムを転送しておき、そのプログラムを書き換えて動きをつくるようにさせてもよい。
- 時間に余裕がある場合は、児童がKOOVの「ロボットレシピ」や「がくしゅうコース」でプログラムを組んだり、ブロックを組み立てる練習をしたりする時間を確保してもよい。
- 発表する際にはPowerPoint、Keynote、Googleスライドなどを使用するとよい。
- ロボットのポスターをつくる際にはAdobe ExpressやCanvaを使用するとよい。

来場者がロボットを動かせるように展示した展覧会の様子

comic

トライ&エラーが大事

夜空を彩る
動く模様を描こう

5 学年　1〜2 時間

題材名

夜空からのおくりもの［絵］

ICT・プログラミング活用のねらい

ICTを活用することで動く模様を表現したり、透明度やその重なりから美しい色合いを表現したりすることができる。鑑賞する際には、暗い教室や体育館の天井、日が沈んだ後の校舎に作品をプロジェクターで投影することで幻想的な世界を表現することができる。

使用教材、準備するもの

Viscuitを使用することができるタブレット端末、タブレットペン（ない場合は指で描く）、プロジェクター、プロジェクターで作品を投影するための場所や支持体

題材について

Viscuitは色相環で色を選び、彩度や明度、ペンの太さを変更できるが、透明度を変更することもできる。また、プログラムでは絵を増やしたり、絵を回転させたりすることができる。この、「透明度」「回転」「絵を増やす」機能を組み合わせることで、夜空を彩る花火や星、ドローンなどを工夫して描く題材である。

Viscuitで作品をつくる時間を30〜75分間、鑑賞する時間を15分間に設定することで1時間の題材としても2時間の題材としても取り組める。Viscuitを使うことが初めての学級であれば2時間、既習の学級であれば1時間で取り組むことが望ましい。

夜空を彩る動く模様を描こう

夜空からのおくりもの

評価規準

知	知識	Viscuitの機能を使って動く絵を表す活動を通して、形や色、動き、プログラムなどを理解している。
	技能	Viscuitの機能を活用しながら、表したいことに合わせて表し方を工夫している。
思	発想	夜空からのおくりものというテーマから想像を広げ、表したいことをどのように表すかについて考えている。
	鑑賞	自分や友達の作品の造形的なよさや面白さ、いろいろな表し方などについて感じ取り、自分の見方や感じ方を深めている。
態		Viscuitの機能を使って夜空のおくりものを動く絵に表す学習活動に主体的に取り組もうとしている。

授業計画

授業計画	児童の活動	教師の支援
導入 7分	● どんな「おくりもの」を描きたいか発表し合う。 ● どんな作品を描くかイメージを膨らませる。	● 発表されたものを板書したり、スクリーンに投影したりする。 ● イメージがもてない児童がいる場合は、ドローンや花火などの映像を紹介する。 花火の映像

授業計画	児童の活動	教師の支援
	● Viscuitの使い方を確認する。 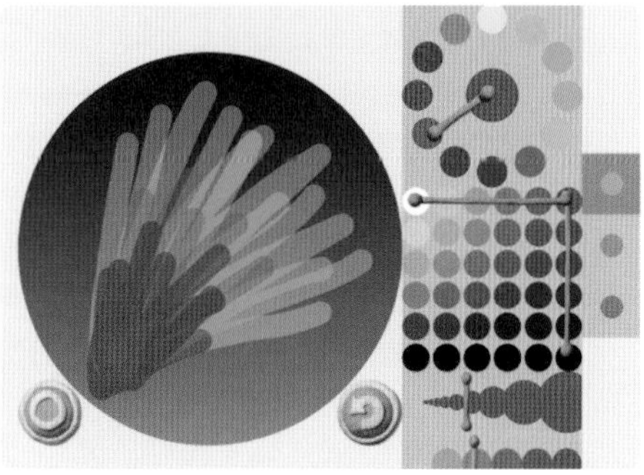 透明度を変えている画面	● 事前に作品をつくるURLを準備しておき、児童にすぐ伝えられるようにする。 ●「背景の色の変え方」「回転のさせ方」「絵の増やし方」を確認する。 ● 色の透明度に着目させる。 ● 児童どうしで教え合えるよう、可動式の個人机を使用している場合はグループの形にして活動させる。 動く模様のつくり方
展開 26〜71分	● 自分の作品のイメージに合わせて夜空からのおくりものをViscuitで描く。 1　背景の色を編集する。 2　花火、星、ドローンなど夜空を彩るものを工夫して描く。 3　夜空以外のものを描く。	● Viscuitでつくられた児童の作品やViscuitの操作画面などを前方に投影しておく。 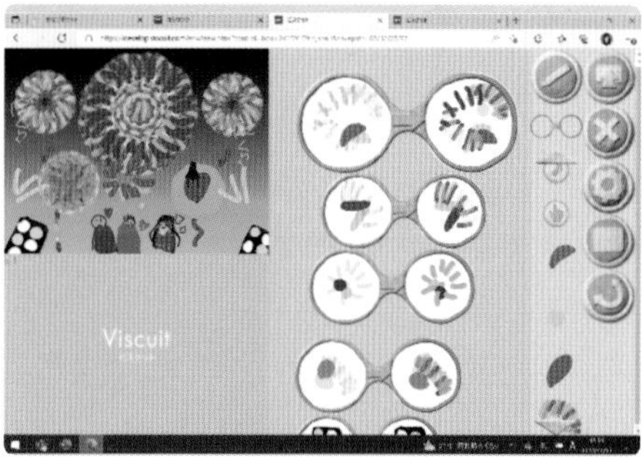 保存された児童の作品
まとめ 7分	● プロジェクターで投影された作品やタブレット端末に映っている作品を鑑賞する。 ● 友達の作品のよいところを捉える。	● 児童に作品の提出場所を提示する。 ● 作品をプロジェクターで投影する。
ふりかえり 5分	● 友達の作品のよいところをまとめる。	● ふりかえりの内容はその場で発表したり、後日共有したりする。

児童の感想

- 工夫したところは、派手になるように色を明るくしたところと、薄い色をたくさん重ねるようにしたところです。
- 花火がちゃんと円の形になるようにこだわりました。
- 輝いて見えるように黄色や黄緑色を使いました。

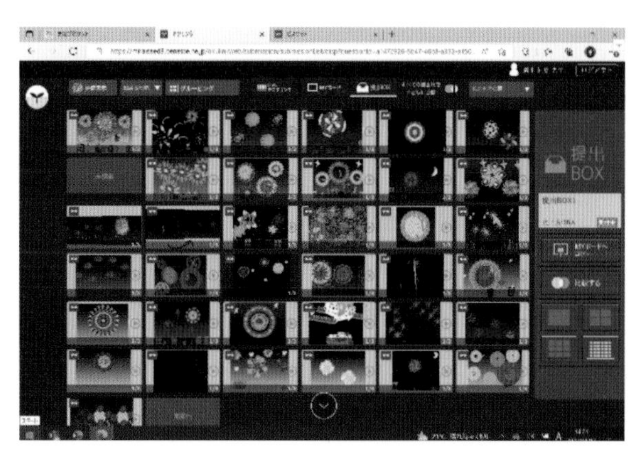

オクリンクで提出された作品

指導のポイント

- Viscuitを使ったことがない学級には、絵を左右に動かす、上下に動かす、2種類の絵を組み合わせる、絵を描く、絵を描き直すなどの基本的なViscuitの操作を20〜30分程度体験させる。Viscuitを使ったことがある場合は基本的な操作の確認のみ行う。その後、透明度の変え方、絵の増やし方、回転のさせ方を指導する。
- 作品が完成した際には、作品を画面収録したり、お気に入りの瞬間をスクリーンショットで撮影したりするよう指導する。
- 作品を提出させる際には、ミライシード、ロイロノート、Googleクラスルーム、Teamsなど児童どうしでも作品を相互鑑賞できるツールを使うことが望ましい。
- 鑑賞する際には作品を再生した状態のタブレット端末を机上に置き、自由に鑑賞できるようにする。
- プロジェクターで作品を投影する際には、真っ暗にした教室や体育館の天井、半透明の支持体に投影すると幻想的な空間を演出することができる。

何度か使うことで複雑なプログラムができる

comic

Viscuitでほっこり

MESHを使ってびっくりする発明品をつくろう

5 学年　6 時間

題材名

びっくり！ 大発明［工作］

ICT・プログラミング活用のねらい

MESHや今までに使ってきたいろいろな材料を組み合わせて、あったらいいなと思える発明品をつくる。MESHブロックとモーターやセンサーを組み合わせることで、さまざまな仕組みの製品をつくることができる。

使用教材、準備するもの

MESH、タブレット端末（推奨端末iPad)、MESHブリッジ(Bluetooth対応の端末ではない場合)、Groveボード、USBパワースイッチ、ビットモジュール、サーボボード、littleBits、段ボール、画用紙、色画用紙、モール、紙コップ、身近な材料、セロハンテープ、養生テープ、はさみ

題材について

MESHとは、可能性が詰まったIoTブロックである（MESHについては「ビー玉大冒険」(p.63-66)参照。ブロックの種類は、LED、ボタン、人感、動き、明るさ、GPIOがある。本題材ではこのGPIOブロックにモーターや他のセンサーをつなげる。これにより、電子工作の無線化など、アイデアをさらに拡張することができる。

GPIOの拡張アクセサリーである、Groveボード、USBパワースイッチ、ビットモジュール、サーボボードを活用することにより、回転やスウィングなどの動きをプログラムすることが可能となる。この多様な動きと今まで扱ってきた材料を組み合わせることで、あったらいいなと思う発明品をつくる題材である。

MESHを使ってびっくりする発明品をつくろう

びっくり！ 大発明

評価規準

知

- **知識** MESHの機能と身近な材料を組み合わせて発明品をつくる活動を通して、形や色、動きやバランス、プログラムなどを理解している。
- **技能** MESHの機能を活用したり、表現に適した材料を組み合わせたりするなどして、表したいことに合わせて表し方を工夫している。

思

- **発想** MESHの機能などから想像を広げ、つくりたい発明品のアイデアをどのように表すかについて考えている。
- **鑑賞** 自分たちや他のグループの友達の発明品の造形的なよさや面白さ、いろいろな表し方などについて感じ取り、自分の見方や感じ方を深めている。

態

友達と力を合わせてMESHの機能を使った発明品をつくる学習活動に主体的に取り組もうとしている。

授業計画

授業計画	児童の活動	教師の支援
導入 15分	● MESHを使ってあったらいいなと思う発明品をつくることを知る。 ● MESHを実際に触ってみて、どのような発明品ができるか考える。	● 事前にMESHの準備をしておく。準備のしかたについては「ビー玉の冒険」（p.63-66）参照。 ● 児童がMESHやGPIOブロックにつなげるボードやモジュールなどを実際に触って試す時間を確保する。 ● MESHやいろいろな材料を図工室の中央に置き、児童がさまざまなことを試せるようにする。 プログラミングで動く工作

授業計画	児童の活動	教師の支援
	● 考えたアイデアを発表し、共有する。 ● 共有したアイデアをもとにグループをつくる。	● 児童のアイデアをプロジェクターで映したり、板書したりして視覚化する。
展開 220分	● どのような発明品をつくるかアイデアスケッチをする。 ● 友達と協力して、MESHや身近な材料を組み合わせて発明品をつくる。 ● 自分たちの発明品のよさを伝えるプレゼン資料をつくる。	● アイデアスケッチを元に必要な材料を用意しておく。
まとめ 30分	● グループごとに発明品について発表する。 ● グループを二つに分け、前半後半で時間を分けて作品を鑑賞する。自分が鑑賞していないときは、他のグループの友達に自分たちの作品について説明する。 ● 自分たちのグループや友達のグループがつくった作品のよさを発表する。	
ふりかえり 5分	● ワークシートやタブレット端末などを活用し、自分たちの活動をふりかえる。 ● 片づけをする。	● ふりかえりの内容はその場で発表したり、後日共有したりする。

児童の感想

- 揺れると警報音が鳴って避難を呼びかけるアナウンスが流れるようにした。
- びっくりBOXをつくった。明るさセンサーをつけて明るさが変わると、LEDライトが光ってカメラのシャッターが切られるようにした。
- GPIOブロックにモーターをつなげて、回転することで表情が変わる眼鏡をつくった。

指導のポイント

- MESHの基本的なポイントについては「ビー玉の冒険」(p.63-66)参照。
- モールや紙コップ以外の身近な材料としては、紙皿、ストローなど加工しやすい材料が適している。

身近な材料でつくり、つくりかえることをしやすくする

- GPIOブロックの拡張機能を使うことで多様な表現が生まれる。特に、モーターやlittleBitsを組み合わせることでさまざまな動きのある電子工作ができる。littleBitsについては、「動く!? 未来の遊園地」(p.87-90)参照。

スウィング、回転などさまざまなことができる

comic

初歩的 MISS !!

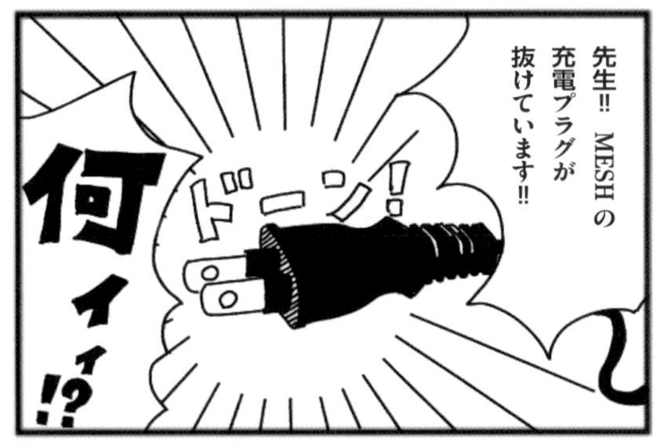

光を動かして絵を描こう

6 学年　2 時間

題材名

光でかく［絵］

ICT・プログラミング活用のねらい

暗闇の中で光が動いている瞬間を写真撮影すると、光の残像が撮影できる。シャッタースピードを変えることができるアプリケーション（夜撮カメラ）を使って残像を撮影することで、暗闇をキャンバスのようにして光で絵を描くことができる。

使用教材、準備するもの

シャッタースピードを調整できるカメラ機能もしくはシャッタースピードを調整できるカメラのアプリケーションが入っているタブレット端末、さまざまな種類のライト、セロハンテープ、養生テープ、暗幕、三脚（無くてもよい）

題材について

本題材は光源を動かし、その残像を撮影して作品を生み出す題材である。

さまざまな種類のライトを手に持って動かしたり、点滅させたりすることで多様な光の残像を表現することができる。また、友達と協力することで複雑な絵を描くことができる。

75分で撮影し、授業の最後に作品を紹介し合う。

展開

光を動かして絵を描こう

光でかく

評価規準

知	知識	光の残像を撮影して絵を描く活動を通して、光がつくり出す形や色などの造形的な特徴や、残像の撮影のしかたを理解している。
	技能	さまざまな光や光源を活用したり、表現に適した撮影方法を行ったりするなどして、表したいものに合わせて表し方を工夫している。
思	発想	光がつくり出す形や色などから想像を広げ、表したいものをどのように表すかについて考えている。
	鑑賞	自分たちや他のグループの友達の作品の造形的なよさや面白さ、いろいろな表し方などについて感じ取り、自分の見方や感じ方を深めている。
態		友達と力を合わせながら、光の残像を撮影して絵を描く学習活動に主体的に取り組もうとしている。

授業計画

授業計画	児童の活動	教師の支援
導入 15分	● 今まで使ってきた描画材料についてふりかえり、本題材では光で絵を描くことを知る。 ● さまざまな光源と出合い、どのような写真が撮影できそうかを試す。 ● 試したことを発表し合う。	● アプリケーションをiPadにダウンロードしておく。 ● 暗幕や黒色の画用紙で教室内に光が入らないようにしておく。 カラーセロファンで違う色の光をつくっても面白い

授業計画	児童の活動	教師の支援
展開 60分	●友達と協力して、工夫しながら光源を動かして写真を撮影する。 撮影したタブレット端末の画面	●撮影する際に他のグループの光が入らないよう指導する。 光を動かしている様子
まとめ 10分	●撮影した写真を発表し合う。 蝶々をイメージした作品	●写真をプロジェクターで投影する。 花をイメージした作品
ふりかえり 5分	●ワークシートやタブレット端末などを活用し、ふりかえりをまとめる。	●ふりかえりの内容はその場で発表したり、後日共有したりします。

児童の感想

- 夜のお花見を表現した。咲いている桜の花はピンク色のライトを速いスピードでぐるぐる回して、幹の部分は太く見えるように少し左右にずらしながら上下に速く振った。また、ライトを点滅させながら斜め下に動かすことによって桜が風で散っていく様子を表現した。
- いろいろな色のライトをみんなで協力してウェーブのように動かすことによって未来のような街並みを光で描くことができた。

夜のお花見を表現した作品

指導のポイント

- 中学年でランプシェードをつくる活動、第５学年では光の造形遊びの活動などに取り組んでおくと本題材での表現の幅が広がる。
- ライトを床に置かないように指導する。
- 使っていないライトは消すように指導する。
- 話し合ったり、試したりできるよう、明るい場所を用意しておく。
- 他のグループの光と影響し合わないよう、活動場所を広く確保する。
- 図工室の椅子は机の下などにしまっておくよう指導する。
- 三脚や椅子、机などを活用してタブレット端末を固定して撮影してもよい。椅子や机に固定する場合は養生テープを使用する。
- グループでの活動となるため、個人の工夫については授業の様子やワークシートなどで見取る。

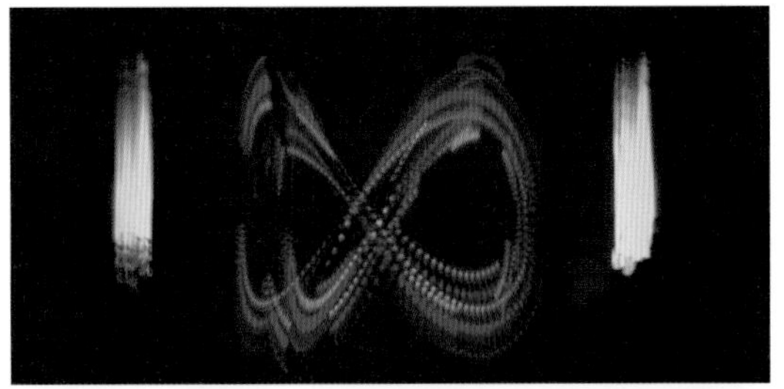

曲線を描いたり、直線を描いたりすることでさまざまな表現が生まれる

comic

みんなの作品が集まると？

電子回路を使って動くアトラクションをつくろう

6 学年　8〜10 時間

題材名

動く!? 未来の遊園地［工作］

ICT・プログラミング活用のねらい

littleBitsとは、マグネット式の各モジュールをつなぎ合わせることで、電子回路をたのしく学ぶことができるオープンソースのライブラリーである。STEAM教育の新たなツールとしてさまざまな教育現場で活用されている。マグネット式のモジュールであるため、何度も回路を組み替えることができる。littleBitsはライトを点滅させたり、モーターやファンを回転させたり、揺らしたりすることができる。これらの動きと身近な材料を組み合わせることでさまざまな動くアトラクションをつくることができる。

使用教材、準備するもの

littleBits（グループ数分）、単三電池、タブレット端末、アイデアスケッチ用のワークシート、画用紙、色画用紙、紙粘土、モール、片面段ボール、紙コップや紙皿などの身近な材料、セロハンテープ、粘着テープ、マスキングテープ、土台にするための段ボールや板

題材について

littleBitsのモジュールを組み合わせることで生まれる多様な動きから、どんなアトラクションをつくることができるのかを考え、今まで学んできた材料や用具を組み合わせて、未来の遊園地を工夫してつくる題材である。

6〜8時間で遊園地をつくり、1時間でよさや面白さを伝えるプレゼンテーションの準備をし、1時間で鑑賞する。

展開

電子回路を使って動くアトラクションをつくろう

動く!? 未来の遊園地

評価規準

知

- **知識** littleBitsを使って未来の遊園地をつくる活動を通して、形や色、動きやバランス、プログラムなどを理解している。
- **技能** littleBitsを活用しながら、表現に適した材料を組み合わせて、表したい未来の遊園地に合わせて表し方を工夫している。

思

- **発想** 未来の遊園地というテーマから想像を広げ、表したいことをどのように表すかについて考えている。
- **鑑賞** 自分たちや他のグループの友達の作品の造形的なよさや面白さ、いろいろな表し方などについて感じ取り、自分の見方や感じ方を深めている。

態

- 友達と力を合わせてlittleBitsを使った未来の遊園地をつくる学習活動に主体的に取り組もうとしている。

授業計画

授業計画	児童の活動	教師の支援
導入 30分	● littleBitsと出会い、さまざまな動きを試す。 ● littleBitsの動きからどのような遊園地をつくってみたいかを考え、発表する。 ● 発表したことを元にグループをつくる。	● littleBitsに番号を割り振り、グループごとのセットを用意しておく。 ● 児童がlittleBitsを実際に触って試す時間を確保する。 ● 児童のアイデアをプロジェクターで映したり、板書したりして視覚化する。
展開 285～375分	● 遊園地のアイデアスケッチをする。 アイデアスケッチ	● 芯材、紙皿、紙コップ、段ボールなどの身近な材料を豊富に用意しておく。 ● 児童のアイデアスケッチをもとに必要な材料を用意しておく。

授業計画	児童の活動	教師の支援
	● littleBitsと身近な材料を組み合わせて遊園地をつくる。 ● 自分たちの遊園地のよさや面白さを伝えるためのプレゼンテーションの準備をする。 	 ジェットコースターをつくっている様子
まとめ 30分	● 相互鑑賞をする。 ● グループを二つに分け、前半後半で時間を分けて作品を鑑賞する。自分が鑑賞していないときは、他のグループの友達に自分たちの作品について説明する。  相互鑑賞で作品を紹介している様子	● アトラクションの形や色、動きや仕組みの面白さに着目して鑑賞するよう指導する。  相互鑑賞で作品を紹介している様子
ふりかえり 15分	● ワークシートやタブレット端末などを活用し、ふりかかりをまとめる。	● ふりかえりの内容はその場で発表したり、後日共有したりする。 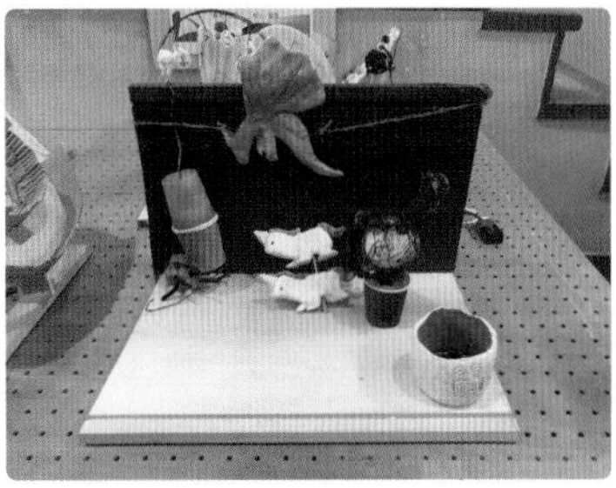 作品を展示している様子

児童の感想

- ファンを使ってシャボン玉が膨らむアトラクションをつくった。
- モーターのモジュールを使ってジェットコースターをつくった。つくっている途中でコースを上った後に下降しないことに気づき、モーターを設置する場所を変えて本物のジェットコースターのように下降できるようにした。

指導のポイント

- マグネット式のモジュールであるため、何度も繰り返し回路を組み替えることができる。児童がつくり、つくりかえる時間を十分に確保する。
- MESHと組み合わせることで動きをプログラムすることも可能である「びっくり！ 大発明」（p.79-82）参照。
- モジュールによってはワイヤーが切れやすいものもあるため、丁寧に取り扱うよう指導する。

展覧会では来場者にも動かしてもらえるようにした

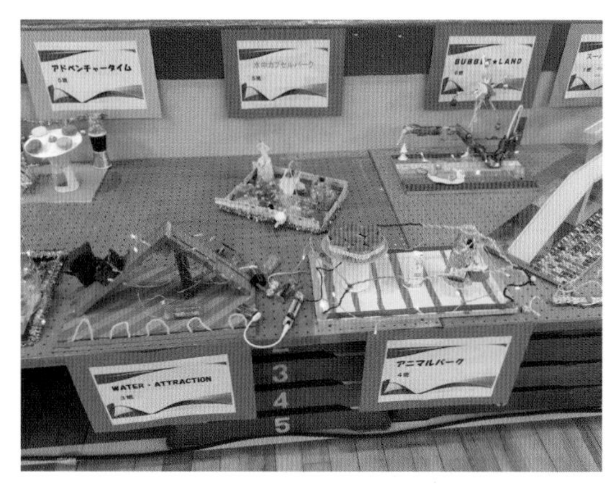

動いていないときにはAR機能を使って遊園地にスマートフォンをかざすと動いている様子を鑑賞できるようにした

comic

試しただけですから!!

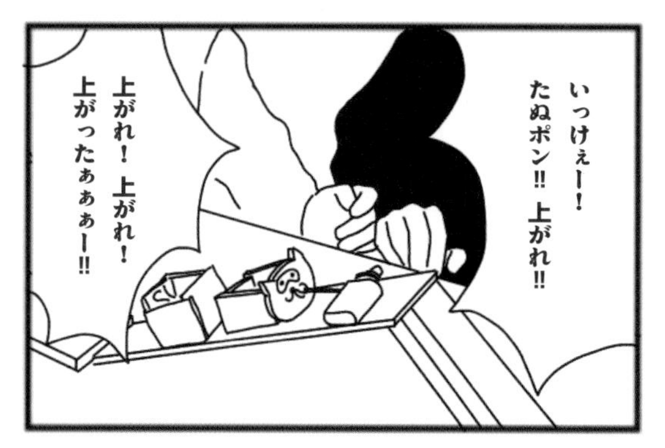

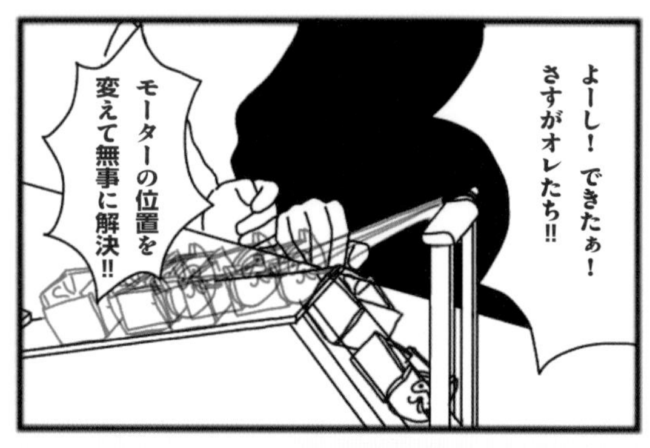

KOOVで動く夢の学校をつくろう

6 学年　9 時間

題材名

わたしの夢の学校［工作］

ICT・プログラミング活用のねらい

あったらいいなと思う夢の学校をKOOVと身近な材料を組み合わせてつくり、そのアイデアや面白さを伝え合う。

KOOVにはDCモーター、サーボモーター、ブザー、光センサー、LEDライトなどのさまざまな電子パーツがある。これらと今までに使ってきたいろいろな材料を組み合わせることで、思い通りの夢の学校を表すことができる。

使用教材、準備するもの

KOOV、タブレット端末、KOOVのアプリ、単三電池、カッターナイフ、レーザーカッター（Laserbox)、板目紙、片面段ボール、画用紙、紙皿、色画用紙、紙コップ、プラスチックコップ、色セロハン、ストロー、身近な材料、セロハンテープ、養生テープ、はさみ

題材について

アナログとデジタル（プログラミング）を掛け合わせることで、夢の学校をつくる題材である。

KOOV以外にも身近な材料を組み合わせることで児童たちの表現の幅が広がる。

8時間で夢の学校をつくり、1時間で鑑賞を行う。

KOOV で動く夢の学校をつくろう

わたしの夢の学校

評価規準

知	知識	KOOVの機能を使って夢の学校を表す活動を通して、形や色、動きやバランス、プログラムなどを理解している。
	技能	KOOVの機能を活用したり、表現に適した材料を組み合わせたりするなどして、表したいことに合わせて表し方を工夫している。
思	発想	夢の学校というテーマから想像を広げ、表したいことをどのように表すかについて考えている。
	鑑賞	自分や友達の作品の造形的なよさや面白さ、いろいろな表し方などについて感じ取り、自分の見方や感じ方を深めている。
態		KOOVの機能を使って夢の学校を表す学習活動に主体的に取り組もうとしている。

授業計画

授業計画	児童の活動	教師の支援
導入 30分	● 既習事項を確認する。第５学年で学んだ「SDGsロボットコンテスト」（p.71-74）をふりかえる。 ● KOOVと画用紙や身近な材料を組み合わせて夢の学校をつくることを知る。 ● イメージマップを書いて自分のつくりたい学校のイメージを広げ、アイデアスケッチをしてイメージを固める。 ● 学校をつくるのに必要な形を製図し、カッターナイフやレーザーカッターなどで切る。	● 事前の準備については「SDGsロボットコンテスト」（p.71-74）参照。 ● 一人の児童につき1台のタブレット端末と1セットのKOOVを用意する。 ● 児童のアイデアをプロジェクターで映したり、板書したりして視覚化する。

授業計画	児童の活動	教師の支援
展開 345分	● あったらいいなと思う夢の学校をKOOVと身近な材料を組み合わせて工夫してつくる。 ● KOOVで動きをプログラムして思い通りに動くようにする。 一輪車の学校	● KOOVや身近な材料を豊富に用意しておく。 プログラミングをしている様子
まとめ 20分	● 自分がつくった夢の学校のよさや面白さをプレゼンし、動画を撮影する。 ● 撮影した動画を見て相互鑑賞する。	作品の工夫したところを紹介している様子
ふりかえり 10分	● ワークシートやタブレット端末などを活用し、ふりかえりをまとめる。	● 撮影した動画を他の学年の児童に見せ、感想を作者の児童に伝える。

児童の感想

- 一輪車が好きだから、一輪車を習うことができる学校をつくった。学校の外観に大きなレインボーの一輪車を設置し、車輪の部分が回転するようにした。
- 光センサーを使って人が入ると電気がついて、いなくなると消える教室をつくった。
- Aくんの学校は学校に車輪がついていて学校ごといろいろな場所に移動できるようにつくっていた。本当にこんな学校があったらいいなと思った。

指導のポイント

- KOOVの基本的な使い方については「SDGsロボットコンテスト」（p.71–74）、Laserboxについては「とび出せ！３D版画」（p.59–62）を参照。
- 板目紙を切るときにLaserboxを使用してもよい。Laserboxは固いものを思い通りの形に切ることができる。板目紙のような固い材料はさまざまな動きを実現できるKOOVとの相性がよい。
- ６年間の集大成として、児童が今までに使ってきたいろいろな材料や用具を活用できるようにする。

身近な材料

DC モーターによって UFO の部分が回転する

comic

食べるの大好き!!

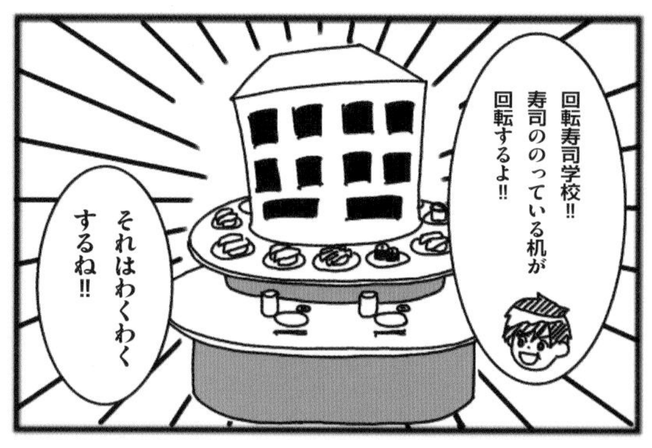

音楽に合わせて動く絵を描こう

6 学年　4 時間

題材名

The Moving Pictures!!［絵］

ICT・プログラミング活用のねらい

音楽を聴きながら感じたことをViscuitで動く絵に表す。完成したViscuitの作品を校舎や白色の場所にプロジェクターで投影し、プロジェクションマッピングとして発表することでダイナミックな演出をすることができる。

使用教材、準備するもの

タブレット端末、タッチペン（ない場合は指で描く）、プロジェクター、プロジェクターで作品を投影するための場所や支持体（本活動では四つ切りサイズで厚さ20mmの発泡スチロール、連結用に白色の布粘着テープを使用）、はんだごて

題材について

同じ音楽を聴いても感じ方は人によって異なる。また、同じ音楽の中にも変化があり、そのイメージは次々と変化していく。それらの感じ取ったことをViscuitで動く絵に表す題材である。

最初の2時間で曲を聴きながらViscuitで作品をつくり、最後の2時間で作品を投影させる支持体をつくったり、鑑賞したりする。

音楽に合わせて動く絵を描こう

The Moving Pictures!!

評価規準

知	知識	音楽を聴きながら感じたことをViscuitで動く絵に表す活動を通して、形や色、動き、プログラムなどを理解している。
	技能	Viscuitの機能を活用しながら、表したいことに合わせて表し方を工夫している。
思	発想	音楽を聴いて感じたことから想像を広げ、感じたことをどのように表すかについて考えている。
	鑑賞	自分や友達の作品の造形的なよさや面白さ、いろいろな表し方などについて感じ取り、自分の見方や感じ方を深めている。
態		Viscuitの機能を使って音楽を聴きながら感じたことを動く絵に表す学習活動に主体的に取り組もうとしている。

授業計画

授業計画	児童の活動	教師の支援
導入 15分	● 音楽を聴いて、Viscuitでそれを表す動く絵を描くことを知る。 ● Viscuitの使い方を確認する。 背景の色、ペンの色、ペンの太さ、ペンの透明度、スピード、絵を増やすなど既習事項を確認する。 ● 音楽を聴いて、どのような作品を描くかイメージを膨らませる。	● Viscuitの既習事項を板書したり、スクリーンに投影したりする。 ● 事前に作品をつくるURLを準備しておき、児童にすぐ伝えられるようにする。 ● 可能であれば音楽はピアニストや音楽の先生に演奏してもらう。演奏してもらうことが叶わなければCD等を流す。
展開① 75分	● 音楽に合わせて動く絵を工夫して描く。	● Viscuitでつくった児童の作品やViscuitの操作画面などを前方に投影しておく。 ● 児童が作品を描いている最中はずっと演奏してもらったり、音楽を再生したりする。

授業計画	児童の活動	教師の支援
	ピアニストの演奏を聴いて作品を描いている様子	夜景をイメージした作品
展開② 70分	● 発泡スチロールに、はんだごてやスチロールカッターで穴を開け、友達の作品と連結させて大きなお城をつくる。 ステージの上に展示している様子	● けがをしないように、長袖、軍手を着用させる。 ● 児童にはマスクを着用させ、十分に換気をする。 はんだごてで穴を開けている様子
ふりかえり 20分	● プロジェクションマッピングを鑑賞し、感想を伝え合う。	● プロジェクションマッピングになるように、映像を編集しておく。

児童の感想

- 最初は暗いイメージだったから暗い色で、最後は盛り上がって明るい感じだったから色も明るくして動きも激しくなるように工夫した。
- 自分の描いた作品をプロジェクションマッピングにできるなんて思っていなかったからうれしい。
- 何度も何度も繰り返し描いたら思い通りの作品を描くことができた。

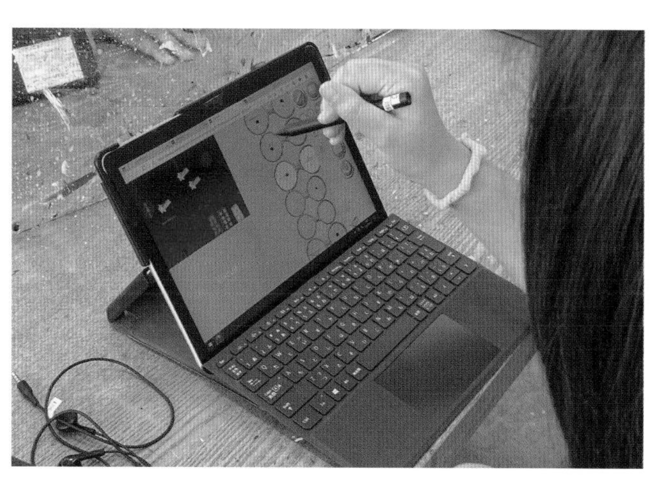

Viscuit で描いている様子

指導のポイント

- 抽象的な表現、具体的な風景、物語性のあるものなどさまざまな作品が生み出されるように、それぞれの表現を丁寧に評価する。
- 作品が完成した際には、作品を画面収録したり、お気に入りの瞬間をスクリーンショットしたりするよう指導する。
- プロジェクションマッピングをつくる際には、PowerPoint、Keynote、Googleスライドを活用する。光を当てたくない部分に黒色の図形を配置し、トリミングする。黒色の図形の下に児童の作品の動画を挿入することで、作品を投影したい場所にのみ作品が再生できるようになる。（p.109参照）
- 短焦点のプロジェクターで大きく投影する場合には映像が上の方にずれてしまうため、プロジェクターの角度を調整する。
- 暗い場所であれば3000lm ～5000lmのプロジェクターでも十分プロジェクションマッピングを投影することができる。

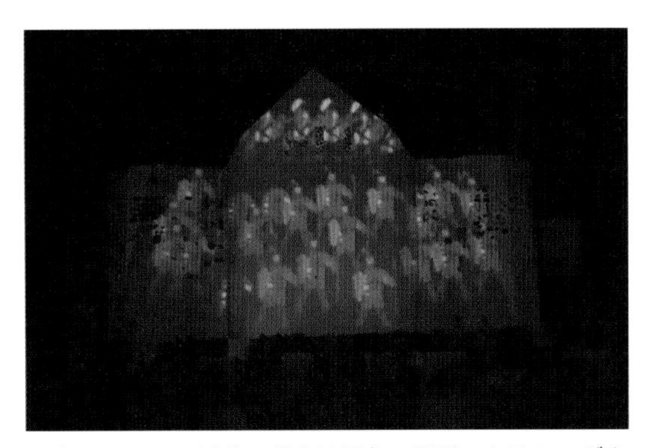

発泡スチロール以外の部分は黒色の図形でトリミングをして作品が投影されないようになっている

プラスチック段ボールに投影している様子

comic

プロジェクションマッピングの感動

オンラインで他の学校の友達と作品をつくろう

6 学年　3 時間

題材名

つながる展覧会オープニング［絵］

ICT・プログラミング活用のねらい

他の学校の友達と話し合いながら、自分たちの思いに合う表し方を工夫してViscuitで動く絵に表す。

Teamsなどのビデオ会議を使用することで、離れた場所にいても交流することができる。また、「スイミーが見たセカイ」（p.19–22）で活用したViscuitランドの機能を使うことで、グループごとにViscuitで共同作品をつくることができる。この二つの機能を組み合わせて、普段交流することのない友達とともに新しいものをつくりあげることができる。

使用教材、準備するもの

Viscuitを使用することができるタブレット端末、Teamsのビデオ会議（またはZoom、Google Meetなど）、タッチペン（無い場合は指で描く）

題材について

本題材は、ViscuitとTeamsなどのビデオ会議を使って共同で動く絵を描く題材である。

他の学校の友達と協力することで新しい表現が生まれる。

事前にグループを組んでおき、2時間で作品を描き、1時間で発表し合う。

完成した作品は後日、互いの学校で発表する。

展開

オンラインで他の学校の友達と作品をつくろう

つながる展覧会オープニング

評価規準

知	知識	他の学校の友達とViscuitの機能を使って展覧会のオープニングの動画をつくる活動を通して、形や色、動き、プログラムなどを理解している。
	技能	Viscuitの機能を活用しながら、表したいことに合わせて表し方を工夫している。
思	発想	ビデオ会議で友達と話し合いながら、展覧会のオープニングというテーマから想像を広げ、表したいことをどのように表すかについて考えている。
	鑑賞	自分たちや他のグループの友達の作品の造形的なよさや面白さ、いろいろな表し方などについて感じ取り、自分の見方や感じ方を深めている。
態		他の学校の友達と力を合わせながら、Viscuitの機能を使って展覧会のオープニングの動画をつくる学習活動に主体的に取り組もうとしている。

授業計画

授業計画	児童の活動	教師の支援
導入 5分	●「The Moving Pictures !!」(p.95-98)で学んだことをふりかえる 。 ●他の学校の友達と協力して展覧会のオープニングの動画をViscuitでつくることを知る。	●Viscuitの既習事項を板書したり、スクリーンに投影したりする。 ●事前に作品をつくるURLを準備しておき、児童にすぐ伝えられるようにする。
展開 85分	●Teamsのビデオ会議でブレイクアウトルームに分かれて自己紹介をし、どのような作品をつくりたいか話し合う。	●２校の児童の合同グループをつくり、事前にブレイクアウトルームの設定をしておく。

授業計画	児童の活動	教師の支援
	● 話し合ったことをもとにViscuitで作品をつくる。 ビデオ会議をしている様子 Viscuit ランドの作品	● Teamsのビデオ会議を行うタブレット端末を各グループに1台、Viscuitで作品を描くタブレット端末を一人1台用意する。 ● ハウリングを起こさないように各グループが離れた場所で活動できるようにする。 ● 活動が滞っているグループには助言する。 ● 活動の様子を写真や動画で撮影しておく。
まとめ 30分	● 自分たちの作品を紹介し合い、相互鑑賞する。 全員が集合してあいさつをしている様子	● 発表するグループにスポットライトを当て、大きく表示する。
ふりかえり 15分	● ワークシートやタブレット端末などを活用し、ふりかえる。	● ふりかえりの内容はその場で発表したり、後日共有したりする。

児童の感想

- 自己紹介でお互いの好きな色を発表し合ったので、その色をもとに作品を描いた。
- 自分がつくったことのある花火の作品を紹介したら、相手の学校の友達が「つくり方を教えて！」と言ってくれてうれしかった。
- お互いの学校のキャラクターを描いたり、展覧会に飾る作品をつくるのに使った材料や用具を描いて動かしたりした。

指導のポイント

- 今までに学んだViscuitの集大成の題材として取り組む。
- ViscuitとTeamsのビデオ会議を同時に使うため、十分なネットワーク環境を確保して実施する。
- ハウリングを防ぐため、グループごとに離れた場所で実施する。可能であればICT支援員や他の教員にも巡回を依頼する。
- 後日、ミライシードのムーブノートを活用して感想を伝え合えるとよい（本校ではプロジェクションマッピングにして作品を発表した）。

発泡スチロールでつくったお城

プロジェクションマッピングの様子

相手の学校は透明なスクリーンに映像を投影して発表した

comic

トラブルも Viscuit で解決？

Adobe Expressで自分の作品を紹介するポスターをつくろう

6 学年　3 時間

題材名

紹介します　わたしの作品［絵］

ICT・プログラミング活用のねらい

日頃の生活の中にある自分にとって大切な風景を見たり思い浮かべたりしながら、そのときの様子や思いに合う形や色の特徴を捉え、工夫してAdobe Expressでポスターに表すことをたのしむ。

Adobe Expressはあらゆる人の「つくる」を後押しするツールである。写真を挿入して加工したり、作品のイメージに合わせて背景、文字、ロゴなどを自由に組み合わせたりしてポスターをつくることができる。

使用教材、準備するもの

Adobe Expressを使用することができるタブレット端末、紹介したい作品、SKYMENUなどの画面共有をすることができるツール、SharePointなどの作品を共有するツール、プロジェクター、プリンター

題材について

本題材は、自分のつくった作品のよさや面白さをポスターに表して紹介する題材である。

Adobe Expressには写真の背景を削除したり、フィルターをかけたり、コントラストや明るさ、彩度や透明度などを変えたりとさまざまな加工ができる。また、豊富に用意されている色やフォントを自由に組み合わせることで、より自分の作品のイメージに合わせたポスターをつくることが可能である。

Adobe Expressを学んだことがない場合でも1～2時間でポスターをつくることができる。

展開

Adobe Expressで自分の作品を紹介するポスターをつくろう

紹介します わたしの作品

評価規準

知	知識	Adobe Expressの機能を使って自分のつくった作品を紹介するポスターを表す活動を通して、形や色、全体のバランス、プログラムなどを理解している。
	技能	Adobe Expressの機能を活用しながら、これまでのICTの描画ツールについての経験や技能を総合的に生かして、表したいことに合わせて表し方を工夫している。
思	発想	自分のつくった作品や紹介したいことから想像を広げ、表したいことをどのように表すかについて考えている。
	鑑賞	自分や友達のポスターの造形的なよさや面白さ、いろいろな表し方などについて感じ取り、自分の見方や感じ方を深めている。
態		Adobe Expressの機能を使って自分のつくった作品を紹介するポスターを表す学習活動に主体的に取り組もうとしている。

授業計画

授業計画	児童の活動	教師の支援
導入 7分	● Adobe Expressで自分のつくった作品のよさや面白さを紹介するポスターをつくることを知る。 ● Adobe Expressの使い方を知る。 ● Adobe Expressでどのようなことができるか試す。	● Adobe Expressの児童用アカウントを発行しておく。 ● Adobe Expressの基本的な操作方法を画面共有を使って説明する。 Adobe Expressの編集画面

授業計画	児童の活動	教師の支援
展開 83分	● Adobe Expressで自分の作品のよさや面白さを紹介するポスターをつくる。 1　作品の写真を撮影する。 2　自分のイメージに合うレイアウトを考える。 3　作品の写真を挿入する。 4　背景や文字の配色や配置を工夫してポスターを完成させる。 5　完成したポスターを印刷する。	● Adobe Expressの基本的な操作方法を提示しておく。 展覧会 高低差が伝わるように上のガラスは薄い色に、下の色は濃い色にしました。 この形が立体的に見えるように薄く白をいれました。 空の色を薄い色でグラデーションにしました。 児童がつくったポスター
まとめ 30分	● ポスターのデータを保存して提出する。 ● プロジェクターで投影された作品を相互鑑賞する。 ● 工夫したところを各グループで発表する。	
ふりかえり 15分	● ワークシートやタブレット端末などを活用し、ふりかえる。	● ふりかえりの内容はその場で発表したり、後日共有したりする。

児童の感想

- 全体的に青い色の作品が多かったから、水色や紫色を使って色味をそろえた。
- 明るい作品をより引き立たせたかったから、背景に黒色を使った。メリハリのあるポスターができたと思う。
- Aさんのポスターが作品の写真の背景の部分を削除して、コラージュみたいにしていたのがおしゃれだった。

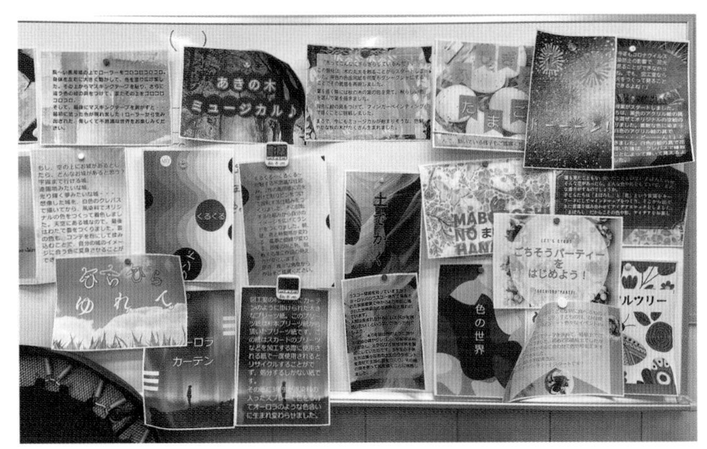

児童がポスターをつくる前にAdobe Expressで教員がつくった展覧会の表示を鑑賞できるようにした

指導のポイント

- Adobe Expressはブラウザ上で使うアプリであるため、インストールする必要はない。
- 十分なネットワーク環境を用意する。
- Adobe Expressはデータを共有することができるため、友達と作品を共同編集することもできる。
- Adobe Expressはポスター以外にも、ロゴ、動画、Webページなどをつくることができる。
- ポスターを保存する際にはさまざまな形式で保存することができる。
- 作品を保存する際には必ず名前をつけて共有するよう指導する。同じ名前でデータが提出されるとデータが上書きされてしまうので注意する。

展覧会では自分の作品の展示スペースに掲示して作品のよさを紹介した

comic

誰でもクリエイター

ICTを活用した展覧会

ICT・プログラミング活用のねらい

東京都の公立小学校では、２～３年に一度、展覧会が行われている。展覧会が行われない年は学芸会や音楽会が行われている。学芸会や音楽会は子どもたちが輝いている姿を保護者や地域の方々に鑑賞してもらうことができるが、展覧会は作品を展示するのが主になるため、子どもたちが輝いている姿が伝わりにくい。

ICTを最大限に活用することで子どもたちが創意工夫しながら活動している姿を伝えたり、作品を効果的に展示したりすることができると考え、展覧会の内容を構成し、実施した。

展覧会の特徴は、❶ICTを活用した授業の公開、❷電子工作の展示、❸ARを使ったメイキング映像の公開、❹プログラミングソフトでつくったプロジェクションマッピングの投影、の４点が挙げられる。

ICTを最大限に活用することで、展覧会で子どもの表現のすばらしさを効果的に保護者や地域の方々に伝え、子どもたちの表現活動の幅を広げることができた。

❶ ICTを活用した授業の公開

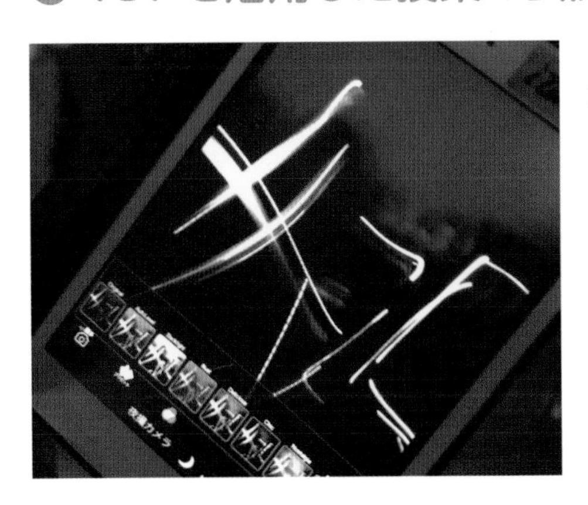

展覧会当日は下記のICTを活用した授業を保護者や地域の方々に公開した。

（１）６年生で、タブレット端末のシャッタースピードを変えてペンライトを動かしている様子を撮影して光で絵を描く授業

（２）６年生で、タブレット端末で写真を撮ってつなぎ合わせることでコマ撮りアニメーションをつくる授業

（３）５年生で、MESHを活用したビー玉迷路をつくる授業

どの題材も、ICTを活用することで子どもたちは、主体的に活動に取り組み、創意工夫して面白い作品を生み出すことができた。図画工作の教科のねらいを達成するために、効果的にICTを取り入れることができた。

❷ 電子工作の展示

６年生の共同製作では、「動く!? 未来の遊園地」をつくり、展示した。電子回路のlittleBitsを使って動くアトラクションをつくり、未来の遊園地として展示した。動く観覧車や空中ブランコ、メリーゴーランド、ジェットコースター、シャボン玉が出るアトラクションなど、さまざまな作品を生み出すことができた。自分たちの遊園地の工夫したポイントなどは、パソコンでプレゼンテーションをつくり、発表し合った。

❸ ARを使ったメイキング映像の公開

「マチアルキ」を使って、スマートフォンやタブレット端末をポスターにかざすと、子どもたちが図画工作の授業で作品をつくっている様子をARで閲覧できるようにした。また、「動く!? 未来の遊園地」の作品にかざすと、作品が動いている様子も閲覧できるようにした。

❹ プログラミングソフトでつくったプロジェクションマッピング

学校にピアニストの中川賢一さんをお招きし、演奏をしてもらい、その演奏を聴きながら感じたことからイメージを広げ、Viscuitで音楽に合わせて動く絵を描く授業を行った。

その後、子どもたちは発泡スチロールで大きな城をつくり、その城にViscuitで描いた動く絵の作品を音楽に合わせて投影し、プロジェクションマッピングにして発表した。

この作品は、三鷹市芸術文化センターで行われたコンサート中にも、会場の壁面に大きく投影してもらい、多くの人に向けて発表することができた。

三鷹市芸術文化センターで行われたコンサートの様子

プロジェクション マッピングのつくり方

プロジェクションマッピングはPowerPointやKeynote、Googleスライドを使用すればつくることが可能である。本項ではPowerPointを使ってプロジェクションマッピングをつくる方法について紹介する。

1 投影する映像作品をつくる。

2 投影する支持体をつくる。発泡スチロールにはんだごてで穴を開けたり、彫ったりしてもよいし、プラスチック段ボールに白色の粘着テープを貼って模様をつけてもよい。

3 投影する支持体を連結させる。白色の布粘着テープで連結するとよい。

4 支持体を建てる。立体的に組み立てると丈夫に自立する。平面の場合は上から丈夫なひもで吊り下げる。

5 PowerPoint をスライドショーモードにして、支持体の形を描画機能でなぞる。

6 描画したものを参考にしながら光を当てたくないところに黒色の図形を配置して支持体以外の部分をマスキングする。再生したい映像をそのマスキングの下に配置して完成。

終わりに

図画工作の授業に限らず、ICTを活用することが目的となってしまい、本来の教科のねらいから外れてしまっている授業を目にすることもある。しかし、ICTを効果的に活用することで子どもたちがより主体的に図画工作の授業を受けることができたり、ねらいをより達成できたり、表現の幅を広げたりすることができる。

前任校では毎年、子どもによる授業アンケートが行われていた。その授業アンケートの図画工作の結果において、「授業で学んだことが身についたか」「授業がたのしいか」「めあてがわかるか」などの内容の質問に対して肯定的な回答は毎年90〜95％であったが、本著で紹介させていただいたようなICTを活用した授業も実施するようになってからは95％以上が肯定的な回答となった。特に、「授業で学んだことが身についた」という項目においては６年生の肯定的意見が100％になった。ICTを活用することで、図画工作に苦手意識をもっている子どもも自信をもって授業に取り組むことができるようになったといえる。

本書ではICTを活用した図画工作の授業を23事例紹介しているが、本書を手にしてくださっている方の中には「今の学校の環境では実施できない」と感じた方もいるかもしれない。しかし、GIGAスクール構想が始まって数年が経過し、以前に比べてICTを活用した授業も実施しやすくなった。子どもが他の文房具と同じようにICT機器を使えるようになってきている。最近は生成系AIといった、新しいコンテンツやアイデアを作成できるAIも開発された。クリエイティブな仕事さえAIにとって代わられる時代になっている。そのような時代を生き抜く子どもたちはICT、プログラミング、AIとともに生きることとなる。子どもにとって、ICTを活用して自分らしい表現ができたり、アイデアを生み出すことができたりするようになる、そんな授業を行えることが大きな強みとなるのではないだろうか。本書がICTを活用する授業を実施するきっかけになるとうれしい。

この度は本書の制作にあたり、多大なるご協力をいただいた本間校長先生、関口友美先生、写真の掲載を許可してくださった児童・保護者の皆様に心より感謝申し上げます。また、本書の編集・校正・製本に携わってくださった開隆堂出版の皆様に深く感謝申し上げます。

岩本 紅葉

著者

いわもと もみじ
岩本 紅葉

東京都新宿区立富久小学校

主任教諭／図画工作専科

プログラミングソフトでつくるプロジェクションマッピングや電子工作など、ICTを活用した、新しい時代の図画工作科の授業を実践している。2020年に教育界のノーベル賞と称される「Global Teacher Prize（グローバル・ティーチャー賞）」で最終候補者の50人に選ばれた。

監修

ほんま もとふみ
本間 基史

東京都新宿区立津久戸小学校

校長

東京都図画工作研究会理事長、関東甲信越静地区造形教育連合理事長、新宿区立小学校教育研究会会長を歴任。現在は新宿区立幼稚園長会会長。新宿区立落合第四小学校では東京都プログラミング教育推進校、新宿区ICT教育課題研究校として発表するなどプログラミング教育の実践を進めてきた。令和5年度東京都教育委員会職員表彰受賞。

題材実践協力

せきぐち ともみ
関口 友美

東京都新宿区立落合第二小学校

主任教諭／図画工作専科

よくわかる図画工作科
ICT・プログラミング活用事例集

2024年2月29日発行

著　者　岩本紅葉
監修 本間基史／題材実践協力 関口友美
発行者　開隆堂出版株式会社
代表者　岩塚太郎
東京都文京区向丘1丁目13番1号
https://www.kairyudo.co.jp
印刷者　株式会社 光邦
代表者　前田剛宏
東京都千代田区飯田橋3丁目11番18号 飯田橋MKビル
発売元　開隆館出版販売株式会社
電話　03-5684-6118

表紙デザイン・本文レイアウト　パシフィック・ウイステリア有限会社

● 定価はカバーに表示してあります。
● 本書を無断で複製することは著作権法違反になります。
● 乱丁本、落丁本はお取り換えします。
ISBN978-4-304-03117-5